C.H.BECK WISSEN

Am 18. Juni 1815 wurde die Schlacht bei Waterloo (oder La Belle-Alliance) geschlagen. Dort beendeten Wellington, Blücher und Gneisenau mit ihren englischen und preußischen Truppen die Herrschaft der Hundert Tage, die Napoleon I., aus dem Exil zurückgekehrt, noch einmal hatte errichten können. Anlässlich des 200. Jahrestages der Schlacht bei Waterloo erläutert Marian Füssel in diesem Band ihre historischen Voraussetzungen, beschreibt den Weg Napoleons nach Waterloo, erzählt den Verlauf der Kämpfe, resümiert das Nachleben und erhellt die Entstehung des «Mythos Waterloo».

Marian Füssel ist Professor für Geschichte der Frühen Neuzeit unter besonderer Berücksichtigung der Wissenschaftsgeschichte an der Universität Göttingen. Im Verlag C.H. Beck ist von demselben Autor lieferbar: Der Siebenjährige Krieg. Ein Weltkrieg im 18. Jahrhundert ([2]2013).

Marian Füssel

WATERLOO 1815

Verlag C. H. Beck

Mit 5 Abbildungen und 6 Karten

Originalausgabe

Satz: Fotosatz Amann, Memmingen
Druck und Bindung: Druckerei C.H.Beck, Nördlingen
Reihengestaltung: Uwe Göbel, München
Umschlagabbildung: Napoleons Flucht nach der Schlacht bei Waterloo am 18. Juni 1815 von Johann Lorenz Rugendas, 1816.
Wien Museum, © akg-images, Berlin
Printed in Germany
ISBN 978 3 406 67672 7

www.beck.de

Inhalt

Einleitung: Zur Kulturgeschichte eines Ereignisses

Die Schlacht bei Waterloo ist wahrscheinlich die berühmteste Schlacht der Welt. Als solche ist Waterloo zu einer Chiffre für den entscheidenden historischen Kampf schlechthin geworden: Zahllose Akteure haben seitdem sprichwörtlich ihr Waterloo gefunden. Jeder kennt den Namen des kleinen Ortes nahe Brüssel und verbindet damit Napoleon, Wellington, Blücher und das Epochenjahr 1815. Die Schlacht beendete Napoleons Herrschaft der Hundert Tage und führte zum Ende des ersten französischen Kaiserreichs. Der Sieg verdankte sich wesentlich dem gemeinsamen Kampf der britisch-alliierten Truppen unter General Wellington und der preußischen Truppen unter Feldmarschall Blücher.

Doch bei näherer Betrachtung verschwimmen rasch die klaren Konturen des Ereignisses. Zwar konnte der Ausgang einer Schlacht kaum eindeutiger sein als diese Niederlage Napoleons. Aber wie war es dazu gekommen? Was hat damals genau stattgefunden? Warum wurde gerade Waterloo schon so rasch zu einem Mythos? Was wissen wir heute über den Ablauf der Schlacht, die Erfahrungen der Teilnehmer, ihre unaussprechliche Gewalt? Jede Antwort auf entsprechende Fragen verweist auf eine Kluft: Der Reduktion eines komplexen Ereignisses auf eine Chiffre für die militärische Niederlage eines der bekanntesten Feldherrn der Geschichte auf der einen Seite steht auf der anderen Seite eine ganze Industrie von militärhistorischer Waterlooforschung sowie erinnerungskultureller Vermarktung gegenüber.

Waterloo kann auch insofern als Inbegriff eines ‹historischen› Ereignisses gelten, als sich dort in kurzer Zeit und auf engstem Raum die Geschicke ganzer Nationen entschieden. Für Frankeich endete der sogenannte zweite hundertjährige Krieg mit England, der 1689 eingesetzt hatte, mit einer Niederlage; Großbritannien wurde zur beherrschenden Weltmacht des 19. Jahrhunderts. Für Preußen und die deutschen Staaten bildete die Schlacht eine Zäsur, ebenso wie auch für die Niederlande und Belgien, die bis zur belgischen Revolution von 1830 eine Einheit bildeten.

Gleichzeitig verweist Waterloo in anschaulicher Weise auf ein grundlegendes Paradoxon historischen Wissens. Es gibt wohl weltweit bis zur Mitte des 19. Jahrhunderts kaum eine einzelne Schlacht, über die bis dato so viel geschrieben worden ist und die eine so dichte Überlieferung an Quellen aufweist wie Waterloo. Dennoch sind die Abläufe einzelner Handlungen ebenso wie die Gründe für den Ausgang des Gesamtereignisses bis heute Gegenstand endloser Debatten, ganz zu schweigen von den unterschiedlichen Bewertungen, nationalen Blickwinkeln und methodischen Zugängen der Historiker, Künstler, Politiker oder Militärs.

Es ist bekannt, dass ausgerechnet Wellington als der siegreiche Feldherr sich einer detaillierten Beschreibung der Ereignisse weitgehend entzogen hat und entsprechenden historiographischen Ambitionen mit einiger Skepsis begegnete. Für ihn ähnelte die Geschichte einer Schlacht vielmehr «der Geschichte eines Balls! Der eine oder andere mag all die kleinen Ereignisse behalten haben, deren großes Ergebnis die gewonnene oder verlorene Schlacht war; keiner aber vermag sich ihrer Reihenfolge oder des Zeitpunktes ihres präzisen Eintretens zu erinnern, und darin liegt der ganze Unterschied ihres Wertes oder ihrer Bedeutung». Der ‹Ball› von Waterloo wies jedoch eine erhebliche Anzahl von mitteilungsfreudigen Festteilnehmern auf, deren vielfältigen Eindrücken sich nicht nur die Kolporteure des 19. Jahrhunderts bedienten, sondern von denen auch jede moderne historische Auseinandersetzung profitiert. Doch die methodische Problematik, die sich jedem Rekonstruktionsversuch einer Schlacht wie Waterloo stellt, ist weitaus komplexer, als es auf den ersten Blick scheinen mag. Zwei Texte aus dem Jahr 1839 mögen das verdeutlichen. So beklagte der Militärtheoretiker Antoine-Henri Jomini (1779–1869) als Stabschef von Marschall Michel Ney (1769–1815), selbst Zeuge der Schlacht, dass «in allen Berichten über die Schlacht die größte Konfusion» herrsche und man sich kaum ein «vergleichbares Chaos» vorstellen könne. Sein *Précis politique et militaire de la campagne de 1815* galt als einer der bis dato akkuratesten Berichte über die Schlacht. Im gleichen Jahr veröffentlichte Marie-Henri Beyle, besser bekannt als Stendhal, seine *Kartause von Parma* (*La Chartreuse de Parme*), in welcher der Held Fabrice von Napoleon und der Schlacht bei Waterloo, an der er teilnimmt, buchstäblich nichts zu sehen bekommt. Die beiden grundlegenden Positionen sind damit markiert. Auf der einen Seite steht also der wissenschaftliche Wille, sich durch das Dickicht der Überlieferung hindurch doch noch ein Bild davon zu machen, «wie es eigentlich gewesen» (Leopold v. Ranke), auf der anderen die literarisch vermittelte Einsicht in die Fragmentierung und Brüchigkeit jeder Ereignisrepräsentation. Die radikale Perspektivität jeder Wahrnehmung und Darstellung eines historischen Ereignisses hat 1945 der französische Philosoph Maurice Merleau-Ponty in seiner *Phänomenologie der Wahrnehmung* theoretisch auf den Punkt gebracht, wenn er über die ‹Unsichtbarkeit› Waterloos schreibt: «Fabrice wollte die Schlacht von Waterloo sehen, so wie man eine Landschaft betrachtet, und er sah bloß verworrene Episoden. Sah der Kaiser auf seiner Karte wirklich die Schlacht? Sie zog sich ihm auf ein keineswegs lückenloses Schema zusammen: Warum kommt jenes Regiment nicht von der Stelle? Warum treffen die Reserven nicht ein? Endlich glaubt der Historiker, der nicht in der Schlacht engagiert ist und sie von allen Seiten zugleich sieht, die mannigfaltigsten Zeugnisse versammelt hat und ihren Ausgang kennt, sie in ihrer Wahrheit zu fassen. Doch er gibt nur eine Vorstellung von der Schlacht, er trifft sie nicht selbst, da im Augenblick ihres Geschehens ihr Ausgang eben noch ungewiss war, im Augenblick der Erzählung des Historikers aber es nicht mehr ist; da ferner für das einmalige Ereignis von Waterloo die letzten Gründe der Niederlage wie auch die zufälligen Umstände, die diese Gründe zum Tragen brachten, in gleicher Weise bestimmend waren, der Historiker aber das einmalige Ereignis in der Generallinie des Niedergangs des Empire einzeichnet. Das wahre Waterloo ist weder in dem, was Fabrice, noch in dem was der Kaiser, noch in dem was der Historiker sieht, es ist überhaupt kein bestimmbarer Gegenstand, es ist das was in den Konfinien all dieser Perspektiven *sich ereignet*, dem auch all diese Perspektiven entlehnt sind.»

Neben der Darstellung der wichtigsten Fakten der Schlacht, der beteiligten Armeen und ihrer Soldaten, der einzelnen Schauplätze, Bewegungen und Konsequenzen muss an dieser Stelle folglich auch einigen methodischen Herausforderungen der Geschichte einer Schlacht als einer Kulturgeschichte organisierter Gewalt begegnet werden. Viele der älteren Darstellungen lassen sich nach zwei Zugängen unterscheiden, die man vereinfachend als an Individuen oder an Strukturen orientiert bezeichnen könnte. Während die einen im Extremfall über Napoleons Magenprobleme räsonieren, diskutieren die anderen Wetterbedingungen und soziale Herkunft der gemeinen Soldaten. Und je höherrangig die jeweils behandelten Akteure, desto hitziger werden die historiographischen Debatten. Auch Spekulationen des Typs «was aber wäre passiert, wenn?» sind bei der Betrachtung der kommandierenden Generäle auch in jüngeren Darstellungen immer noch leicht bei der Hand. Beide Perspektiven lassen sich mitunter auch in ein und derselben Darstellung finden. So kann der Hinweis auf die Tücken oder Vorteile des Terrains im Umkehrschluss auch immer als Determinante für Qualität oder Fragwürdigkeit der jeweiligen Taktik fungieren. Auch hat der strukturale Gesichtspunkt gewiss einiges für sich, wenn man bedenkt, welche enorme logistische Herausforderung es gewesen sein muss, rund 150 000 Männer auf einem Areal von vier bis sechs Quadratkilometern nicht nur zu positionieren, sondern auch zu versorgen, eine Situation, die wir in Gesellschaften des 21. Jahrhunderts in dieser räumlichen Verdichtung allenfalls von Großdemonstrationen und Musikfestivals kennen. Jedes ungeplante Zusammentreffen von diesem Ausmaß gilt hingegen meist als humanitäre Katastrophe. Die Analyse der räumlichen, materiellen und sozialen Strukturbedingungen ist jedoch nur bis zu einem gewissen Punkt in der Lage, gerade der Ereignishaftigkeit einer Schlacht gerecht zu werden.

Die Schlacht von Waterloo als ein Ereignis, d. h. als eine durch ihren konkreten Vollzug geprägte soziale Praxis ernst zu nehmen, wie etwa John Keegan (1976) oder Alessandro Barbero (2003) es meisterhaft getan haben, bedeutet, perspektivische Engführungen auf Strukturen oder Individuen konsequent hinter sich zu lassen. Jede Schlacht ist gleichzeitig ein einzigartiges Ereignis und steht historisch in einer ganzen Kette von anderen Schlachten. Eine Thematisierung der Schlacht als ‹historisches› Ereignis bleibt zweifellos trivial, wenn man keine Kriterien anlegt, die ein Ereignis von einem bloßen «Geschehen» unterscheiden. Drei Aspekte sind nach Andreas Suter und Manfred Hettling von Belang. Zunächst die Erfahrung der historischen Akteure, dass das, was vorgefallen ist, eine bestehende Ordnung bedroht, einen Wendepunkt bedeutet oder herrschende Vorstellungen in Frage stellt. Zweitens muss diese Erfahrung «kollektiver Natur» sein. So werden nicht nur alle Beteiligten durch ihre Teilnahme an dem Ereignis auf die eine oder andere Art verändert, verletzt oder schlicht bewegt, sondern auch die zeitgenössischen Gesellschaften insgesamt verarbeiten, deuten, erinnern oder verdrängen das Ereignis. Und drittens wirkt das Ereignis auf die strukturellen Kontexte zurück, aus denen heraus es entstanden ist. Nicht umsonst spricht man von einer «Entscheidungsschlacht» und stellt Waterloo damit in eine Reihe mit Marathon (490 v. Chr.), Hastings (1066) oder Höchstädt (1704), geographische Begriffe, die zu Chiffren für das Ende oder den Anfang einer ganzen Ära oder Kultur geworden sind. Setzt man etwas niedriger an, so bedeutet die kollektiv geteilte Erfahrung der Schlacht eine wichtige Markierung im Gedächtnis eines sozialen Kollektivs, die beispielsweise die Veteranen von den Nicht-Veteranen trennt.

Die Frage der ‹Entscheidung› unterscheidet eine Schlacht von anderen Ereignissen wie Naturkatastrophen oder Revolten und rückt sie eher in die Nähe eines Rechtsverfahrens. Für die Schlachten der Frühen Neuzeit ist der Entscheidungscharakter in der Forschung umstritten. Waterloo hebt sich daher umso deutlicher von vorherigen Schlachten ab, erfüllt es doch offenbar in geradezu idealtypischer Weise die Erwartungen an eine

Schlacht als entscheidender Wendepunkt der Geschichte. Doch hat bereits John Keegan die Kategorie der Entscheidung als das primäre Erkenntnisziel einer historischen Beschäftigung mit Schlachten stark relativiert. Er hat sich stattdessen dafür stark gemacht, das, «was in der Schlacht wirklich vor sich geht», als das eigentliche Thema zu profilieren.

Eine Schlacht vollzieht sich nach bestimmten Regeln und Konventionen, doch jeder einzelne taktische Zug, jeder Kampf ereignet sich auf je individuelle Weise stets neu. Eine simple, aber folgenreiche Tatsache, die von der älteren Generalstabsgeschichtsschreibung mit ihrem unmittelbar anwendungsbezogenen Erkenntnisinteresse meist ignoriert wurde. Denn auch Ereignisse ähnlichen Typs ereignen sich niemals in der gleichen Weise ein zweites Mal. Von einer Schlacht als einem Ereignis zu sprechen, birgt zweifellos immer auch eine notwendige Verkürzung komplexer Handlungszusammenhänge. Denn genau genommen waren es vier Schauplätze, auf denen sich zwischen dem 15. und dem 18. Juni 1815 das Schicksal Europas entschied: am 16. Juni die Gefechte von Quatre-Bras und Ligny sowie am 18. Juni die von Waterloo und Wavre. Das Geschehen war von einem vielschichtigen Ineinandergreifen unterschiedlicher Faktoren, wie den taktischen Entscheidungen Napoleons und Wellingtons, dem Eigensinn ihrer Generäle, den Friktionen in der Nachrichtenübermittlung, der Beschaffenheit des Geländes und den Wetterbedingungen sowie der Kampfkraft der jeweiligen Truppen, bestimmt. Eine Schlacht setzt sich zudem aus einer Vielzahl von Einzelhandlungen zusammen, sei es den Planungen der Generalstäbe, einzelnen Gefechten oder den individuellen Kampfpraktiken einzelner Soldaten. Erst gemeinsam ergeben sie mit ihren zahllosen einzelnen Wahrnehmungen, Deutungen und Darstellungen das Gesamtereignis ‹Waterloo›.

Welche Quellen stehen uns aber zu dessen Rekonstruktion zur Verfügung? Die Überlieferung ist ausgesprochen reichhaltig, aber gleichwohl einigen klassischen Filtern und Hierarchien unterworfen. Am häufigsten zitiert werden die Briefe, Depeschen und Tagebuchaufzeichnungen von Napoleon und Wellington; ihnen folgen die offiziellen Korrespondenzen und Befehle der übrigen Generäle und Offiziere. Briefe, Tagebücher und Autobiographien beteiligter Soldaten bis hin zu den Mannschaften bilden dann das Gros der Überlieferung, die allerdings in vielen Fällen erst mit einigem zeitlichen Abstand zur Schlacht verfasst wurden. Besonders hervorzuheben sind darunter von britischer Seite die sogenannten «Siborne Letters»: Briefe, die Veteranen der Schlacht Mitte der 1830er Jahre auf dessen Ersuchen an William Siborne (1797–1849), den Erbauer eines Dioramas der Schlacht, sandten. Neben den Schriftquellen sind jedoch auch schlachtfeldarchäologische Befunde und Objekte wie Waffen oder Karten ausgewertet worden. Der Blick auf die Entstehungskontexte der meisten dieser Quellen zeigt, dass Ereignis und Erinnerung kaum voneinander zu trennen sind. Viele Zeugnisse entstanden erst aus dem Bewusstsein des jeweiligen Gewährsmannes, Zeuge eines bedeutenden historischen Ereignisses gewesen zu sein oder sich im Widerstreit konkurrierender Erinnerungen engagieren zu müssen. Auch ist der Übergang zwischen Zeitzeugenbericht und analytischer Geschichtsschreibung mitunter fließend, wie etwa die Abhandlung Carl von Clausewitz', selbst Teilnehmer der Schlacht, über den *Feldzug von 1815 in Frankreich*. Ein gewisser Überhang an Quellen auf der Siegerseite hat schließlich das ohnehin vorhandene Übergewicht historischer Aufarbeitung von britischer Seite noch weiter verstärkt.

Als wichtigste kulturhistorische Zugänge, die über eine reine Sequenzanalyse einzelner Operationen hinausgehen, können die Erfahrungs- und die Erinnerungsgeschichte gelten. So kann die Geschichte einer Schlacht nicht losgelöst von den Erfahrungen, Emotionen und Deutungen ihrer Teilnehmer behandelt werden. Je nach Dienstgrad, Alter, Erfahrung, Geschlecht, der eigenen Position auf dem Schlachtfeld oder der körperlichen Verletzung wurden nicht nur unterschiedliche Erfahrungen gemacht, sondern diese auch auf sehr verschiedene Art gedeutet, verarbeitet und niedergeschrieben, wobei der zeitliche Abstand, aber auch der emotionale Zustand des Autors die Zuverlässigkeit solcher ‹Ego-Zeugnisse› erheblich beeinflussen kann. Die Inszenierung und Mythologisierung des ‹Weltereignisses› Waterloo setzte bereits unmittelbar nach den Kampfhandlungen ein. Von den ersten Medienberichten über Schlachtfeldtouristen aus Brüssel und London bis zu den späteren visuellen und audiovisuellen Verarbeitungen in Ausstellungen von Beutestücken, in Diorama und Panorama, Kunst, Literatur, Populärkultur, Spielfilm und Reenactment spannt sich mittlerweile eine breite erinnerungskulturelle Verarbeitung der Schlacht, die eine neue Qualität von ‹Ereigniskultur› gewonnen hat. Auch sie ist Teil der Geschichte von Waterloo. Mit jeder Generation transformiert sich unser Bild der Schlacht ebenso wie die Inhalte, Emotionen und Erinnerungen, die wir mit der Nennung ihres Namens aufrufen. Besonders deutlich wird dies 2015 zu Tage treten, wenn man anlässlich ihres zweihundertjährigen Jahrestages der Schlacht gedenkt. Schließlich sollte man aber nicht vergessen, dass eine Schlacht kein historisches Schauspiel ist, sondern der Kulminationspunkt extremen menschlichen Leidens.

Im Folgenden werden zunächst die Rückkehr Napoleons und die beteiligten Armeen und Akteure beleuchtet (I.), um dann auf die beiden unmittelbar vorangehenden Ereignisse bei Ligny und Quatre-Bras einzugehen (II.). Die Schlacht bei Waterloo wird in fünf Schritten zunächst in ihren räumlichen und strategischen Bedingungen (III.), in ihren einzelnen Kampfhandlungen (IV.) sowie als Erfahrungsgeschichte der einzelnen Schauplätze, Bewegungen und Teilereignisse rekonstruiert (V.). Den unmittelbaren Folgen und Konsequenzen (VI.) sowie der erinnerungskulturellen Verarbeitung der Schlacht zu einem Schlachtenmythos (VII.) sind die weiteren Kapitel gewidmet, bevor ein Epilog zur historischen Bedeutung Waterloos die Darstellung beschließt (VIII.).

I. Der Flug des Adlers: Napoleons Rückkehr, die Armeen und Akteure

Mit der Abdankung Napoleons im April 1814 waren 21 Jahre Krieg zu Ende gegangen, die ausgehend von der Französischen Revolution von 1789 ihren Anfang im Jahr 1792 genommen hatten. Europas Monarchen waren in einen Krieg gegen das revolutionäre Frankreich gezogen, der sich zu einem Konflikt globalen Ausmaßes ausgeweitet hatte, ein Krieg, der sowohl Moskau (1812) als auch Washington (1814) in Brand gesetzt hatte und an Schauplätzen in Europa und Südamerika, in Ägypten und Indien ausgefochten wurde. Napoleons Truppen waren im Baltikum ebenso marschiert wie in Westfalen oder Südspanien, und die Brüder und Schwäger des Kaisers der Franzosen hatten Throne in ganz Europa besetzt. Nach Millionen von Toten schien die Gefahr im Frühjahr 1814 endlich gebannt und Bonaparte dauerhaft ausgeschaltet zu sein.

Insofern wurden die Vertreter der europäischen Großmächte, die seit September 1814 in Wien unter Leitung des Fürsten von Metternich über die politische Neuordnung Europas berieten, im März 1815 von der Botschaft der Rückkehr Napoleons mehr als überrascht. Am Morgen des 6. März erhielt Graf Metternich die Nachricht aus Genua, dass Napoleon von Elba verschwunden sei. Kurze Zeit später druckte die Leipziger Zeitung folgende Meldung aus Wien vom 8. März: «Gestern nachmittag um 3 Uhr kam mittels eines englischen und eines toskanischen Kuriers die unerwartete Anzeige hier an, daß Bonaparte am 26. Februar von Elba in seiner eigenen Korvette weggesegelt sei. Anfangs wollte man der Nachricht keinen Glauben beimessen, doch wurde sie bald zur Gewißheit. [...] Eine allgemeine Sensation bei allen unseren politischen Parteien läßt sich heute nicht verkennen.» Am 1. März 1815 war Napoleon an Bord der *Inconstant* im Golf von Juan bei Cannes gelandet und nach Paris marschiert. Zu seinen Soldaten soll er angeblich gesagt haben: «Ich werde in Paris eintreffen, ohne einen Schuss abzufeuern.» Als er in La Mure im Süden Frankreichs auf das ihm entgegengesandte 7. Infanterieregiment unter Führung von Oberst Charles de La Bédoyère traf, das ihn aufhalten sollte, reagierten die Soldaten, statt das Feuer zu eröffnen, mit einer enthusiastischen Begrüßung und schlossen sich ihrem Kaiser bereitwillig an. Sein «Adlerflug» («vol d'aigle»), wie sein nun beginnender Siegeszug gern genannt wurde, brachte Napoleon bereits am 20. März in die französische Hauptstadt. Der neue, von den Alliierten eingesetzte König Ludwig XVIII. hatte keinen Rückhalt in der französischen Armee und floh noch am Tag von Napoleons Ankunft ins belgische Gent. Damit begann die sogenannte «Herrschaft der Hundert Tage».

In Wien waren nun fast alle maßgeblichen Entscheidungsträger vor Ort, weshalb ein schnelles und entschlossenes Handeln möglich war. Am 13. März hatte der Wiener Kongress eine Resolution veröffentlicht, die Napoleon «als Feind und Zerstörer der Ruhe der Welt» öffentlich ächtete, ihn dem «vindicte publique» unterwarf. Dass die Maßnahme seiner Person galt und man nicht Frankreich den Krieg erklärte, war nur konsequent, denn noch regierte dort offiziell König Ludwig XVIII. Persönliche Briefe, die der ehemalige Kaiser der Franzosen an die europäischen Monarchen schrieb, um ihnen zu erklären, dass er keinerlei Ansprüche auf die von ihm eroberten Territorien mehr hege, blieben wirkungslos. In London öffnete man den entsprechenden Brief erst gar nicht und sandte ihn mit unversehrtem Siegel wieder zurück.

Napoleons Kalkül, die alliierten Mächte würden seine Rückkehr zur Macht politisch akzeptieren, ging nicht auf. Vielmehr planten sie, Frankreich mit vier verschiedenen Heeresgruppen von Osten und Norden gleichzeitig anzugreifen. Eine 200 000 Mann starke österreichische Armee, der später aus ähnlicher Richtung eine russische Armee von weiteren 150 000 Soldaten folgen würde, sollte von Elsass-Lothringen aus marschieren. Im Norden planten die Preußen, in Südbelgien eine Armee von 100 000 Mann zusammenzuziehen, die dann, mit einer bereits in den Niederlanden stationierten britisch-niederländisch-belgischen Armee vereint, Richtung Frankreich aufbrechen sollte, um der napoleonischen Herrschaft so rasch wie möglich wieder ein Ende zu machen. Ohne auf einen alliierten Vormarsch Richtung Frankreich zu warten, ergriff jedoch Napoleon die Initiative, um, wie es seiner bisherigen Strategie entsprach, seine Gegner einzeln der Reihe nach zu treffen und zu besiegen. Ohnehin standen ihm nur zwei strategische Optionen offen – eine Taktik der Verteidigung und allmählichen Frustration der Gegner oder eine rasche zerstörerische Offensive, die den gegnerischen Gesamtplan in Frage stellte. Mit den 200 000 Mann, die Napoleon damals trotz Wiederabschaffung der Wehrpflicht durch die neue Regierung noch zu Gebote standen, schien rein zahlenmäßig eine reelle Chance zum Erfolg zu bestehen, wenn schnell genug gehandelt würde. Napoleon forderte weitere 150 000 Soldaten von der Nationalgarde an, und schon im Frühsommer standen ihm insgesamt bereits wieder rund 360 000 Mann zur Verfügung. Die erfahrensten Einheiten wurden in Gesamtstärke von etwa 125 000 Mann als künftige *Armée du Nord* im Norden Frankreichs stationiert.

In den rund fünfzig Jahren zwischen dem Ende des Siebenjährigen Krieges 1763 und der Schlacht von Waterloo 1815 hatten sich mit dem Amerikanischen Unabhängigkeitskrieg (1775–1783) und der Französischen Revolution (1789–1799) nicht nur zwei epochale politische Umbrüche vollzogen, sondern auch die Praxis der Kriegführung hatte sich signifikant gewandelt. In den beiden ‹atlantischen Revolutionen› hatte sich nicht nur die Idee einer Nation in Waffen verwirklicht, die von einem gemeinen Soldaten nun die gleiche Motivation wie von einem Offizier erwarten ließ. Vor allem hatten sich auch die Praktiken der Rekrutierung und Heeresaufbringung radikal verändert. Die sich daraus ergebenden Möglichkeiten für Strategie, Taktik und Logistik verstand kaum ein Heerführer effizienter zu nutzen als Napoleon Bonaparte. Die französische Armee hatte auf die Schmach des Siebenjährigen Krieges mit umfangreichen Reformen reagiert und konnte dank der erfolgreichen Unterstützung der amerikanischen Unabhängigkeitsbewegung eine gewisse Genugtuung gegenüber dem Dauerrivalen Großbritannien genießen. Was die Infanterietaktik betraf, so diskutierten Vertreter einer tief gestaffelten Kolonnenaufstellung, der *ordre profond*, mit den Befürwortern einer klassischen Linienaufstellung, der *ordre mince*. Militärtheoretiker wie der Comte Jacques de Guibert (1743–1790) fanden schließlich einen Kompromiss in der *ordre mixte*, die beide Formationen in der Schlacht zum Einsatz brachte. Die Frage der jeweiligen Aufstellung war einerseits entscheidend für Feuerkraft und Verwundbarkeit, andererseits für Beweglichkeit und Zusammenhalt der Einheiten. Während die Bewaffnung der Infanterie sich kaum von den Armeen des Ancien Régime unterschied, hatte im Bereich der Artillerie eine wichtige Innovation stattgefunden. Der Ingenieur und General der Artillerie Jean Vacquette de Gribeauval (1715–1789) hatte einen Geschütztyp entwickelt, der 1774 eingeführt und nach ihm benannt worden war. Eine neue Gusstechnik war nicht nur die Voraussetzung für höhere Präzision, sondern vor allem auch für kürzere und leichtere Kanonenrohre, wodurch sich die Mobilität der Feldartillerie signifikant erhöhte. Das ‹System Gribeauval› sorgte auch für eine Standardisierung der Geschosse auf Vier-, Acht- und Zwölfpfünder. Bereits 1802/03 wurden die Vier- und Achtpfünder durch Sechspfünder ersetzt, wobei ältere Kaliber jedoch weitergenutzt wurden. Um ein Geschütz zu bedienen und nach jedem Schuss wegen des Rückstoßes neu auszurichten, bedurfte es eines Personals von acht Kanonieren und sieben Helfern. Die Reichweiten eines Geschosses lagen bei einem Achtpfünder bei 800, bei einem Zwölfpfünder bei ca. 1200 Metern.

Während im Bereich Taktik und Technik neue Wege gegangen wurden, schloss sich das Offizierskorps sozial weiter ab, und zentrale Aufstiegs- und Ausbildungswege wie das Kommissionswesen oder die Kadettenschulen standen seinerzeit allein dem Adel offen. Mit der Revolution löste sich die alte Armee auf, viele Offiziere flohen ins Ausland und eine radikale Umstrukturierung war die Folge. Der Mangel an Soldaten war eklatant und konnte auch durch die Freiwilligenverbände nicht aufgefangen werden. Die Lösung lag in der *levée en masse*, einer

Art Generalmobilmachung der gesamten französischen Bevölkerung, die bis zum Sommer 1794 eine Armee von 750 000 Mann entstehen ließ. Der Drill dieser größtenteils unerfahrenen Männer stellte eine enorme Herausforderung dar, führte aber auch zu einer taktischen Flexibilisierung. Die Schlachtaufstellung bestand aus Kolonnen, Linien und ungeordnet frei davor aufgestellten Schützen, die fortan miteinander kombiniert zum Einsatz kamen. Die Prestigewaffe der alten Armee, die Kavallerie, spielte nunmehr eine geringe Rolle, während die zunehmend mobilere Feldartillerie weiter an Bedeutung gewann. Nach einigen ebenso unerwarteten wie spektakulären Erfolgen in der Anfangszeit geriet die bald auf 400 000 Mann dezimierte Revolutionsarmee 1796 in eine Krise, die ein 26-jähriger General mit Namen Napoleon Bonaparte politisch wie militärisch zu nutzen wusste. 1792 war Napoleon zum Lieutenant befördert worden und ein Jahr später hatte man den 24-Jährigen zum Brigadegeneral gemacht. Nach einem erfolgreichen Feldzug in Italien und einer faktisch desaströsen, aber propagandistisch umgewerteten Expedition nach Ägypten gelang es ihm im November 1797, das Direktorium in Paris zu stürzen und sich selbst zum ersten Konsul zu machen. Nach weiteren militärischen Erfolgen gegen die Österreicher folgte 1804 seine Selbstkrönung zum Kaiser der Franzosen.

Unter Napoleons Führung reihte sich für die französische Armee Sieg an Sieg. Die Gründe hierfür sind jedoch weit vielfältiger, als die landläufige Reduktion der Ursachen auf ein besonderes Feldherrngenie des Korsen glauben macht. Napoleon radikalisierte einzelne Formen der Kriegführung wie der Heeresorganisation und nutzte die taktischen wie logistischen Potentiale der Revolutionsarmee mit größtmöglicher Konsequenz. Anders als inzwischen üblich geworden, setzte er nicht auf lange Nachschubwege, sondern ließ die Truppen wieder aus dem Land verpflegen, was vor allem zu Lasten der jeweils betroffenen Zivilbevölkerung ging. Er strukturierte die Armee in selbständig unter seinem Oberkommando agierende Korps und erreichte damit eine erhöhte Manövrierfähigkeit im Feld. Ein Armeekorps bestand aus zwei Divisionen mit eigener Kavallerie und Artillerie und war wesentlich flexibler als die größeren Einheiten, sowohl was den Einsatz im Gefecht als auch was die Logistik betraf. Ebenfalls entgegen den Gepflogenheiten der Armeen des Ancien Régime setzte Napoleon nicht auf eine Zurückdrängung, sondern eine Auflösung und Vernichtung der gegnerischen Armee und ließ diese auch nach beendigter Schlacht verfolgen. Die Opferzahlen erhöhten sich damit dramatisch. Schließlich verfolgte Napoleon erfolgreich die Strategie, größere feindliche Heeresverbände zu trennen und dann jeweils separat zu schlagen.

Mit den Feldzügen auf der spanischen Halbinsel und in Russland begann sich das Blatt allmählich zu wenden. Während der spanische Guerillakrieg die französische Armee im Kampf gegen die aus Portugal operierenden Briten langsam ausbluten ließ, zerrann 1812 der Vormarsch der *grande armée* in den russischen Weiten. Überall in Europa zeigten sich nun die Folgen der napoleonischen Politik: Ökonomische Unzufriedenheit mit der Kontinentalsperre gegen England, die nur Frankreich begünstigte, und ein neuer nationaler Patriotismus legten die Grundlagen für den Erfolg einer antinapoleonischen Allianz. Mittlerweile hatten alle europäischen Armeen von den Innovationen der Revolutionsheere gelernt. Verbesserte Ausbildung, patriotische Motivation und neue Rekrutierungsformen kehrten sich im Weiteren gegen die französische Vormachtstellung. Wie sich erst während der Schlacht herausstellen sollte, hatten die Franzosen auf Kommandoebene ein massives Problem. Von den 23 amtierenden Marschällen der französischen Armee waren 1815 nur acht bereit, Napoleon zu dienen. Männer wie Louis Nicolas Davout oder Nicolas Soult machten Platz für solche wie Michel Ney, der zwar eine hohe persönliche Opferbereitschaft an den Tag legte, wenn er mit der Kavallerie einen Angriff ritt, aber nur über geringe taktische Kompetenzen verfügte. Das Kommando des 1. Korps übertrug Napoleon Drouet d'Erlon, der seit 1805 Divisionskommandeur war und sich bereits bei Jena und im Spanienfeldzug bewährt hatte. Honoré Charles Michel Graf von Reille, Divisionskommandeur seit 1807 und ehemaliger Oberbefehlshaber der Armee in Portugal, wurde mit dem 2. Korps betraut. Das 3. Korps ging zunächst an den Kavalleriegeneral Charles Lebrun, der jedoch bereits Mitte April gegen Dominique Vandamme, der seit 1797 Erfahrungen als Divisionskommandeur besaß, ausgetauscht wurde. Das 4. Korps kam unter den Befehl von Maurice Etienne Gérard, der sich vor allem während der Rückzugsgefechte im Russlandfeldzug profiliert hatte, während Jean Rapp, dem langjährigen Adjutanten Napoleons und seit 1805 Divisionskommandeur, das 5. Korps anvertraut wurde. Mit Mouton, Graf von Lobau, ging schließlich das 6. Korps an einen taktisch besonders ausgewiesenen Divisionskommandeur, der diese Position seit 1807 innehatte. Napoleon und seine Generäle hatten mindestens 20 Feldzüge mitgemacht und entstammten fast alle einer Generation, die nun Mitte vierzig war: Napoleon 46, Ney 46, Lobau 45, Drouet d'Erlon 49, Kellerman 45, Reille 44, Vandamme 44, Rapp 43, Grouchy 49.

Die hierarchische Gliederung der Truppenteile gestaltete sich von der größten bis zur kleinsten Einheit wie folgt: Den Großverbänden von Armee, Korps, Division und Brigade folgten die Verbände von Regiment und Bataillon und schließlich die Kompanie. Um 1815 setzte sich die französische Infanterie aus rund 170 000 Soldaten in 90 Linienregimentern und 15 Regimentern leichter Infanterie zusammen. In der Praxis changierte die Stärke eines Regiments zwischen drei und vier Bataillonen. Ein Bataillon wiederum setzte sich idealerweise aus sieben regulären und zwei Elitekompanien zusammen; eine Kompanie verfügte über 1000 Mann. In der Kavallerie setzten sich die Regimenter aus vier Schwadronen und zwei Bataillonen zusammen. Die französische Reiterei unterteilte sich in schwere, mittlere und leichte Einheiten. Zu den schweren, gepanzerten Reitern zählten die Kürassiere und *Carabiniers*, gefolgt auf den mittleren Ebenen von Dragonern und Lanzenreitern, während die leichte Kavallerie sich aus Husaren und Jägern zu Pferde (*Chasseurs à cheval*) zusammensetzte. Die Artillerie, der nicht zuletzt aufgrund Napoleons eigener Ausbildung und Karriere als Artillerieoffizier stets besondere Bedeutung zukam, untergliederte sich in eine berittene Artillerie und eine *artillerie à pied*. Letztere bestand aus acht Regimentern, zusammengesetzt aus 22 Kompanien zu je 120 Mann, ausgestattet mit sechs Kanonen und zwei Haubitzen. Die berittene Artillerie bestand aus sechs Regimentern, deren Anzahl an Kompanien sich allmählich von sechs auf acht erhöhte.

All diese Zahlenangaben bezeichnen nur idealtypische Sollstärken; in der Praxis waren sowohl Mannschaftszahlen wie Ausrüstung von größeren Schwankungen betroffen. Über diesen regulären Verbänden stand die kaiserliche Garde, die Napoleon zu einer immer größeren und autonomeren Einheit ausgebaut hatte. Besondere Uniformierung und Ausstattung, höherer Sold, andere disziplinarische Praktiken und das In-Reservehalten während einer Schlacht waren nur einige der Elemente, welche der Garde die Aura einer Eliteeinheit verliehen. Innerhalb der Garde unterschied man alte (*vielle*), mittlere (*moyenne*) und junge (*jeune*) Garde. Der jeweilige Grad innerer Kohäsion verdankte sich auch in der französischen Armee jedoch weniger Patriotismus und revolutionären Idealen als einer spezifischen Regimentskultur. Das Regiment wurde nicht zuletzt aufgrund der langen Dienstzeit zur zweiten Heimat der Soldaten und verfügte über eine eigene Ehrauffassung, die sich durch Siege und Niederlagen oder das Betragen der Kommandeure erhöhen oder vermindern konnte.

Napoleon und Wellington waren sich bis Waterloo nie begegnet. Beide waren 1769 geboren, beide hatten französische Militärakademien besucht und waren Bewunderer Hannibals. Ihre Gegenüberstellung als titanenhafte Gegenspieler wurde auch zur Projektionsfläche nationaler Stereotype vom französischen *élan* einerseits und britischer Berechnung und Ehrgeiz andererseits. So charakterisierte Viktor Hugo in *Les Misérables* (1862) die beiden Antagonisten: «Auf der einen Seite Genauigkeit, Voraussicht, Geometrie, Vorsicht, der gesicherte Rückzug, die aufgesparten Reserven, eine hartnäckige Kaltblütigkeit, eine nie versagende Methode, die Strategie, die das Gelände nutzt, die Taktik, die die Bataillone aufwägt, das schnurgerade Gemetzel, der mit der Uhr in der Hand geregelte Krieg, nichts aus freien Stücken dem Zufall überlassen, der alte, bewährte Mut und die unbedingte Korrektheit. Auf der anderen Seite Intuition, Erahnen, militärisch absonderliche Dinge, übermenschlicher Instinkt, der flammende Blick, der irgendwie dem des Adlers gleicht und wie der Blitz trifft.»

Vergleicht man die Armeen, die sich bei Waterloo gegenüberstanden, so fällt zunächst auf, dass die alliierten Truppen unter der Führung Wellingtons aus ganz unterschiedlichen Heimatländern stammten. Die britischen Einheiten stellten nur 35 Prozent der alliierten Armee, neben einer belgisch-niederländischen Armee, die 26 Prozent ausmachte, und weiteren Kontingenten aus den deutschen Territorien wie Hannover (16 Prozent), Braunschweig (9 Prozent), der *King's German Legion* (ebenfalls 9 Prozent) und schließlich den Nassauern (5 Prozent). Wie sich zeigen sollte, spielte diese Mischung auf taktisch-operativer Ebene jedoch kaum eine Rolle. Die Tatsache, dass Europa sich nun seit fast zwanzig Jahren im Kriegszustand befand, hatte zu einer Professionalisierung und Homogenisierung der Armeen geführt. Zwar waren die Vorteile in Geschwindigkeit und taktischer Manövrierfähigkeit zwischen Briten und Franzosen immer noch ungleich zugunsten der französischen Armee verteilt, doch längst nicht mehr so deutlich wie zu Beginn der Revolutionskriege. Deutliche Unterschiede ergaben sich aus den Praktiken der Rekrutierung und Heeresmobilisierung. Die Revolutionskriege markieren eine Phase des Übergangs von den ‹stehenden Söldnerheeren› des Ancien Régime zu den Wehrpflichtarmeen des bürgerlichen Nationalstaats. Mit der *levée en masse* hatte die Französische Revolution eine Entwicklung freigesetzt, welche die Armeen immer größer werden ließ und alle europäischen Mächte nun vor die Herausforderung höherer Rekrutierungszahlen stellte. Preußen erweiterte das Kantonsystem, das bereits zuvor eine Art der flächendeckenden Rekrutierung ermöglicht hatte, seit 1813/14 um die Landwehr, wodurch auch Männer jenseits der 20 Jahre erfasst wurden. Andere Länder wie Großbritannien oder die Niederlande ergänzten die Kontingente mit lokalen Milizen, während die kleineren Territorien weiter im Modus der stehenden Söldnerheere operierten. Da es den Briten per Gesetz verboten war, ihre Milizen außerhalb der Landesgrenzen einzusetzen, setzten sich Wellingtons britische Kontingente ausschließlich aus Berufssoldaten zusammen. Die Infanterie gliederte sich in 107 Regimenter, darunter 103 Linienregimenter und drei Regimenter der *Foot Guards*. Anders als in der französischen Armee war die Anzahl an Bataillonen allerdings sehr variabel. Ein Bataillon setzte sich in der Regel aus acht regulären Kompanien im Zentrum sowie einer leichten und einer Grenadierkompanie zusammen. Die Kavallerie bestand aus 34 Regimentern, darunter 24 Dragonerregimenter, sieben Regimenter *Dragoon Guards* und drei Regimenter *Household Cavalry*. Untergliedert waren die Regimenter in drei bis vier Schwadronen à 500 Mann. Im *Royal Regiment of Artillery* dienten zehn Bataillone von jeweils zehn Kompanien à 100 bis 150 Mann; ergänzend kam noch die berittene *Royal Horse Artillery* hinzu.

Die grundlegende soziale Ungleichheit der Armeen des Ancien Régime war in der britischen Armee immer noch in hohem Maße ausgeprägt: Die Armee zerfiel praktisch in zwei soziale Lebenswelten, die der adeligen Gentlemen-Offiziere und die der gemeinen Soldaten. Die Offiziere erwarben ihr Amt in vielen Fällen käuflich, eine seinerzeit durchaus übliche Praxis. Gegen Ende der Koalitionskriege hatte sich der Anteil der erkauften Offiziersposten jedoch bereits deutlich reduziert. Entscheidende Unterschiede zum französischen Offizierskorps ergaben sich im Gefecht vor allem auf der Ebene der Generalität. Was sie anbelangt, so konnte Napoleon auf eine immer noch vergleichsweise leistungsstarke Elite bauen, die selbständig in der Lage war, Operationen durchzuführen. Auf britischer Seite war dies personell schwieriger, was auch den effizienten Einsatz autonomer Armeekorps erschwerte. Eine der Positionen mit höchster Verantwortung besetzte der 23-jährige Prinz von Oranien, dem auf Wunsch seines Vaters, König Wilhelm I. der Niederlande, und gegen den Willen Wellingtons das Kommando über das 1. Korps übertragen wurde. Der aufgrund seines langen Nackens als «Slender Billy» und aufgrund seines Gesichts «junger Frosch» (Young Frog) bekannte Prinz hatte drei Jahre in Spanien an der Seite Wellingtons als Flügeladjutant gedient und daher ein gesteigertes Selbstbewusstsein hinsichtlich seiner militärischen Führungsqualitäten entwickelt.

Die sozialen Unterschiede der Lebenswelten von Offizieren und Gemeinen erschienen unüberbrückbar. Wellington selbst äußerte sich über seine Männer recht abfällig. Berühmt geworden ist seine Einschätzung, die er viele Jahre nach der Schlacht gegenüber Philip Henry Stanhope, dem 5. Earl Stanhope äußerte, seine Soldaten seien der «Abschaum der Erde» gewesen, und viele von ihnen hätten sich bloß für Alkohol anwerben lassen. Damit wollte Wellington jedoch vor allem seine eigene Leistung herausstellen, diese Truppen diszipliniert und zum Sieg geführt zu haben. Tatsächlich wird man sich die soziale Zusammensetzung der britischen Armee bei Waterloo eher als Mischung aus Angehörigen wirklich verarmter Schichten, darunter vor allem Männer aus Irland, und anderen Angehörigen einer unteren urbanen Mittelschicht vorzustellen haben, die nach dem Dienst in den Milizen für die reguläre Armee angeworben worden waren. Gerade die hohe Zahl an Selbstzeugnissen verdankt sich zu weiten Teilen diesen Kontingenten. Unter den Männern des *23rd Foot*, eines «typischen Infanterie Bataillons» (Philip J. Haythornthwaite), waren beispielsweise fast die Hälfte Arbeiter, darunter allein 15 Prozent Textilarbeiter; 22 Prozent wurden von den Milizen rekrutiert. Die Altersspanne reicht von 16 bis 62 Jahren, wobei insgesamt ein Drittel 21 Jahre oder jünger war; das Durchschnittsalter betrug etwa 25,5 Jahre. Ganze 48 Prozent der Männer hatten sich erst 1813 oder später anwerben lassen. Um die innere Kohäsion zu stärken, sollten die Regimenter eine lokale Note bekommen, was in der Praxis jedoch oftmals eine bloße Zuschreibung blieb. Die *Royal Scots* etwa setzten sich zu 18 Prozent aus Schotten, zu 42 Prozent aus Iren und zu 37 Prozent aus Engländern zusammen.

Die Heterogenität der britischen Truppen im Hinblick auf ihre soziale Zusammensetzung, Motivation, Ausbildung und Kampferfahrung wurde noch weit übertroffen von der Zusammensetzung der anderen alliierten Truppen. Einheiten wie die der 1814 gerade wieder zur Unabhängigkeit gelangten Königreiche der Niederlande und Belgiens hatten zuvor in französischen Diensten gestanden, und in Teilen waren auch die Nassauer von den Franzosen zu den Briten übergelaufen. Mit insgesamt 7000 Mann stellten die Nassauer einen nicht unbeträchtlichen Anteil der alliierten Armee; ihre wechselnden Dienste haben ihnen in der britischen Historiographie jedoch lange zu Unrecht ein schlechtes Image beschert. Die Braunschweiger Soldaten zählten zu den jüngsten in der Schlacht von Waterloo und wurden von manchen Zeitgenossen als «Kinder» bezeichnet, während die deutschen Söldner der *King's German Legion* (KGL) eine der kampferprobtesten und professionellsten Armeen auf Seiten der Briten bildeten. Sie setzten sich aus acht Regimentern Linieninfanterie und zwei Regimentern leichter Infanterie, drei Regimentern leichter und zweien schwerer Reiterei sowie sechs Kavalleriekompanien zusammen.

Verglichen mit den britischen Truppen könnte das Bild der französischen Armee zunächst als krasser Gegensatz erscheinen. Nach der Revolution stellte die Armee dem Anspruch nach einen Querschnitt durch die gesamte Bevölkerung dar, der sich mehr dem Zufall des Einberufungsverfahrens verdanken sollte als persönlichen Einflüssen etwa durch Freikauf oder Patronage. Der Unterschied zwischen Offizierskorps und Gemeinen sollte allein auf individuellem Verdienst beruhen, nicht auf sozialer Herkunft. In der Praxis traf der Dienst jedoch vor allem Männer der ländlichen Unterschichten; die ohnehin mit alten Militäreliten durchmischte Gruppe der Offiziere fand schnell zu exklusiven Verhaltens- und Abgrenzungsweisen, die sich von denen anderer Heere wenig unterschieden. Selbst das Durchschnittsalter der Divisionskommandeure war mit 44,5 bei Briten und Franzosen identisch. In der Forschung bis heute ebenso heftig diskutiert wie ihre soziale Zusammensetzung ist der Grad der Erfahrenheit der französischen Truppen. Man kann davon ausgehen, dass die allermeisten der Soldaten bei Waterloo bereits einen Feldzug hinter sich hatten, doch finden sich auch Stimmen, die von blutjungen und unerfahrenen Rekruten sprechen. Was die Unterschiede beider Armeen anbelangt, so ist wohl vor allem das jeweilige ‹image› ausschlaggebend. Die Franzosen erscheinen wie eine einzige große alte Garde, während die Briten sich als eine Ansammlung von tapferen, aber undisziplinierten Unterschichtsangehörigen ausnehmen, die Alessandro Barbero bezeichnenderweise mit modernen Hooligans verglichen hat.

Einen markanten Wandel nicht nur ihres Images, sondern auch ihrer Zusammensetzung hatte auch die preußische Armee durchgemacht. Bis zum Jahr 1806 und der vernichtenden Schlacht bei Jena und Auerstedt zehrte die Armee von Erfolg und Ruhm aus der Zeit Friedrichs II. Im Zuge der Befreiungskriege kam es einerseits zu einer Modernisierung der Armee und einer besonderen patriotischen Mobilisierung, andererseits führte der Druck, immer höhere Truppenstärken vorzuhalten, auch dazu, dass schlecht ausgerüstete und schlecht ausgebildete Einheiten aufgestellt wurden. Kommandeur der rund 150 000 Mann war General Gebhard Leberecht von Blücher, Fürst von Wahlstatt (1742–1819), dem russische Soldaten bereits den Spitznamen «Marschall Vorwärts» beigelegt hatten, um sein zur Offensive drängendes Temperament zu charakterisieren. Um die interne Kohäsion dieser aus Freikorps, Landwehr, regulären preußischen Truppen und Kontingenten kleinerer Territorien zusammengesetzten Armee war es offenbar vergleichsweise schlecht bestellt. Manche Historiker gehen so weit zu behaupten, die Armee, die Preußen 1815 ins Feld geschickt habe, sei «die schlechteste Truppe während der gesamten Revolutions- und Napoleonischen Kriege» gewesen (Peter Hofschröer). Chef von Blüchers Stab war August von Gneisenau (1760–1831) – ein erfahrener Offizier, der unter anderem bereits im Amerikanischen Unabhängigkeitskrieg an der Seite der Briten gekämpft hatte. Bei Gneisenau hatte dies jedoch nicht zu größerer Vertrautheit, sondern zu nachhaltigem Misstrauen gegenüber der britischen Armee und ihrer Generalität geführt. Eine Stimmung, die freilich angesichts der preußischen Ansprüche auf Sachsen während des Wiener Kongresses auch auf britischer Seite anzutreffen war. Unter allen beteiligten Armeen fanden sich jedoch auch Männer, die einem erneuten Kampf mit Begeisterung entgegensahen. Bei den Preußen schwelte noch der Wunsch nach Vergeltung für 1806, die britischen Soldaten gerieten in Euphorie, als sich die Nachricht «Nap's in France again» verbreitete, und auch auf französischer Seite verwandelte sich die anfängliche Unentschiedenheit angesichts des abermaligen Regimewechsels rasch in positive Gefühle. Der französische Infanteriehauptmann Pierre Cardron erinnerte sich beispielsweise, welche Stürme der Emotion der von seinem Colonel versteckte und nun wieder hervorgeholte Regimentsadler bei den Männern auslöste und ein vielfaches «Vive l'Empereur!» ertönen ließ.

II. Ligny und Quatre-Bras: Zwei Schlachten und keine Entscheidung

Ein Blick auf die Karte der Stellungen ergab schnell eine klare Option für Napoleon. So wie die Briten in den belgischen Häfen ihre Basis hatten, galt dies auf preußischer Seite für das Rheinland. Ein britisches Zuhilfeeilen schien Napoleon in dieser Lage unwahrscheinlicher als ein preußisches, so dass er sich dafür entschied, den ersten Angriff gegen die Preußen zu führen. Die weitgehend demobilisierte Armee wieder ins Feld zu führen, hatte nicht nur enorme Geldsummen erfordert, weshalb die französischen Schatzreserven rasch aufgebraucht waren und private Banken herangezogen werden mussten, sondern auch Zeit. Nach rund drei Monaten waren die Truppen jedoch einsatzbereit. Am Morgen des 12. Juni 1815 gegen 3.30 Uhr, nach dem er noch am Abend zuvor mit seiner Familie diniert hatte, brach Napoleon in einer Kutsche nach Norden in Richtung Belgien auf.

Doch was wussten die Alliierten zu dieser Zeit von den Plänen des Kaisers? Noch am 13. Juni schrieb Wellington beruhigt nach England, dass er sich momentan vor einem Angriff sicher fühle. Napoleon hatte die Grenzen schließen lassen, so dass sich die Feindaufklärung, die Wellington in Spanien so gute Dienste geleistet hatte, als schwierig erwies. Sein Chefaufklärer, der Schotte Colquhoun Grant, stieß offenbar auf eine Mauer des

Schweigens bei der französischsprachigen Bevölkerung Belgiens. Ein weiteres Problem der alliierten Armeen, das Napoleon in die Karten zu spielen schien, war die extreme Ausdehnung ihrer Aufstellung, die im Westen von Oudenaarde bis nach Liège im Osten reichte. Anders ließen sich die gewaltigen Armeen jedoch dauerhaft kaum aus dem Land ernähren, ohne die lokalen Ressourcen allzu rasch zu erschöpfen.

Am 15. Juni begann mit knapp 125 000 Mann der Vormarsch auf gegnerisches Territorium. Keine leichte Aufgabe, denn Napoleon hatte zuvor alle Straßen Richtung Grenze zerstören lassen, um den gegnerischen Armeen den Vormarsch auf französisches Territorium zu erschweren. Nun aber verlangsamte dies auch den Vormarsch in die umgekehrte Richtung, vor allem für Artillerie und Trosswagen, während Infanterie und Kavallerie am Straßenrand durch die hoch stehenden Roggenfelder vorrückten. Für Wellington und Blücher kam der Vormarsch zunächst als Überraschung. Doch am 15. Juni desertierte General Comte Louis Bourmont mit seinem Stab aus den Reihen Napoleons und lief direkt zum 1. preußischen Korps unter General Hans von Zieten über, so dass zumindest Blücher von nun an über die Lage einigermaßen im Bilde war. Napoleon teilte seine Armee in zwei Heeresgruppen auf. Marschall Ney wurde nach Westen gesandt, um die strategisch wichtige Kreuzung bei dem Weiler Quatre-Bras zu sichern, wo sich die Achsen Charleroi-Brüssel und Nivelles-Namur trafen. Napoleon selbst marschierte mit der anderen Armee nach Osten in Richtung Ligny, um dort die Konfrontation mit den Preußen zu suchen. Auf diese Weise hoffte er offenbar, in bewährter Art seine Gegner getrennt schlagen bzw. überhaupt an einer Vereinigung hindern zu können.

Vom 15. auf den 16. Juni übernachtete Napoleon in Charleroi, während der Herzog von Wellington in Brüssel einem der vielleicht berühmtesten Bälle des 19. Jahrhunderts beiwohnte. Auf Einladung des vierten Herzogs von Richmond und seiner Gemahlin Charlotte feierte man in der Rue de Blanchisserie ausgiebig und demonstrierte der Brüsseler Bevölkerung auf diese Weise, dass keine Bedrohung von Napoleon und seiner

Armee ausging. Doch bereits zu Beginn der Feier war Wellington durch einen Boten Blüchers vom Vormarsch der Franzosen in Kenntnis gesetzt worden. Die Teilnehmer des Balls hätten hochkarätiger nicht sein können: Neben den Prinzen von Oranien-Nassau, dem Herzog von Braunschweig-Wolfenbüttel, und dem Fürsten von Nassau-Weilburg vergnügten sich dort diverse Earls, 22 Colonels, 16 Grafen und Gräfinnen sowie eine Vielzahl britischer Peers. Insgesamt handelte es sich allerdings um eine überwiegend männliche Gesellschaft; von den 224 Teilnehmern waren nur ein Viertel Frauen. Grund dafür war nicht zuletzt die rein praktische Funktion des Balles als einer Art Kommandozentrale, die es Wellington ermöglichte, viele seiner Offiziere direkt mit Instruktionen zu versehen. Niemand ahnte jedoch, dass drei Tage später etwa vier von zehn der Offiziere, denen man hier zum Tanz aufspielte, tot oder verwundet sein würden. Mit dem Eintreffen weiterer Informationen wurde der Druck zu handeln für Wellington immer größer. Immer mehr Offiziere verließen nun eilig den Ball, manche von ihnen zogen später noch in ihrer Abendgarderobe in den Kampf.

Was sich im Verlauf des 15. Juni an Kommunikations- und Entscheidungsvorgängen ereignete, gibt bis heute Anlass zu militärhistorischen Kontroversen. Gegen 5.00 Uhr morgens kam es zum ersten Zusammenstoß der Truppen Napoleons und der Preußen unter General von Zieten bei Charleroi. Freiherr Carl von Müffling wurde mit dieser Meldung sogleich zu Wellington entsandt, der im 32 Kilometer entfernten Brüssel weilte. Erst nachmittags gegen 15.00 Uhr erreichte Müfflings Botschaft den Herzog – der dies einmal boshaft damit begründete, dass man den «dicksten Offizier» der preußischen Armee geschickt habe. Noch seltsamer als die lange Dauer des Meldevorgangs erscheint jedoch die Tatsache, dass Wellington bis Mitternacht nichts unternehmen sollte, um seine Streitkräfte zu konzentrieren. Der Grund liegt wohl im Kalkül des Herzogs, seine rechte Flanke nicht mit einer vorschnellen Reaktion zu gefährden, hatte es doch gleichfalls Informationen über einen französischen Vormarsch Richtung Mons gegeben. Sollte dies zutreffen und hätte Napoleon den Hauptangriff bei Charleroi nur vorgetäuscht, würde Wellington seine Verbindung nach Westen zur Küste in Gefahr bringen. Erst um 24.00 Uhr, als er sich während des Balls eine Karte des Herzogs von Richmond vorlegen ließ, soll Wellington angeblich ausgerufen haben: «Napoleon hat mich reingelegt, bei Gott!» («Napoleon has humbugged me, by God!»).

Nun kam alles darauf an, wem es gelang, die Straßen nördlich von Charleroi zu kontrollieren. Napoleon hatte Wellington bereits einen guten Tagesmarsch abgetrotzt und war seinem Plan, die beiden gegnerischen Armeen zu trennen und nacheinander zu schlagen, erheblich näher gekommen. Die Preußen standen bei Sombreffe nahe einer Straße, die westwärts die Route Charleroi-Brüssel kreuzte und einen Zugang für die britisch-niederländische Armee bot. Napoleon teilte seine Armee und begab sich selbst in Richtung des Sombreffe vorgelagerten Ligny, während er Ney entsandte, die wichtige Kreuzung von Quatre-Bras einzunehmen. Zwei Kreuzungen – zwei Schlachten, das war das Szenario des 16. Juni.

Das Kalkül Napoleons hatte jedoch auch der Stabschef der niederländisch-nassauischen Einheiten General-Major Jean de Constant Rebecque durchschaut und entgegen der Ordre, seine 4000 Männer bei Nivelles zu konzentrieren, den Weg nach Quatre-Bras gewählt. Dort kam es noch am Abend des 15. Juni zu ersten Gefechten mit der französischen Vorhut, die jedoch von den Nassauern unter Führung des 23-jährigen Prinzen Bernhard von Sachsen-Weimar bis zum Ende der Kämpfe bei Einbruch der Dunkelheit aufgehalten werden konnte. Doch die Nassauer waren knapp an Munition: pro Mann verblieben nur noch zehn Schuss. Der nächste Morgen musste die Entscheidung bringen.

Der 16. Juni, ein Freitagmorgen, versprach heiß und drückend zu werden, als Neys Truppen kurz vor Quatre-Bras standen, wo 4000 Nassauer mit wenig Munition sie erwarteten. Die Gelegenheit zum Angriff hätte günstiger kaum sein können. Doch Ney, der während der ganzen Kampagne keine besonders gute Figur machte, zögerte trotz klarer Anweisung Napoleons Quatre-Bras zu nehmen. Warum, ist bis heute umstritten. Viel-

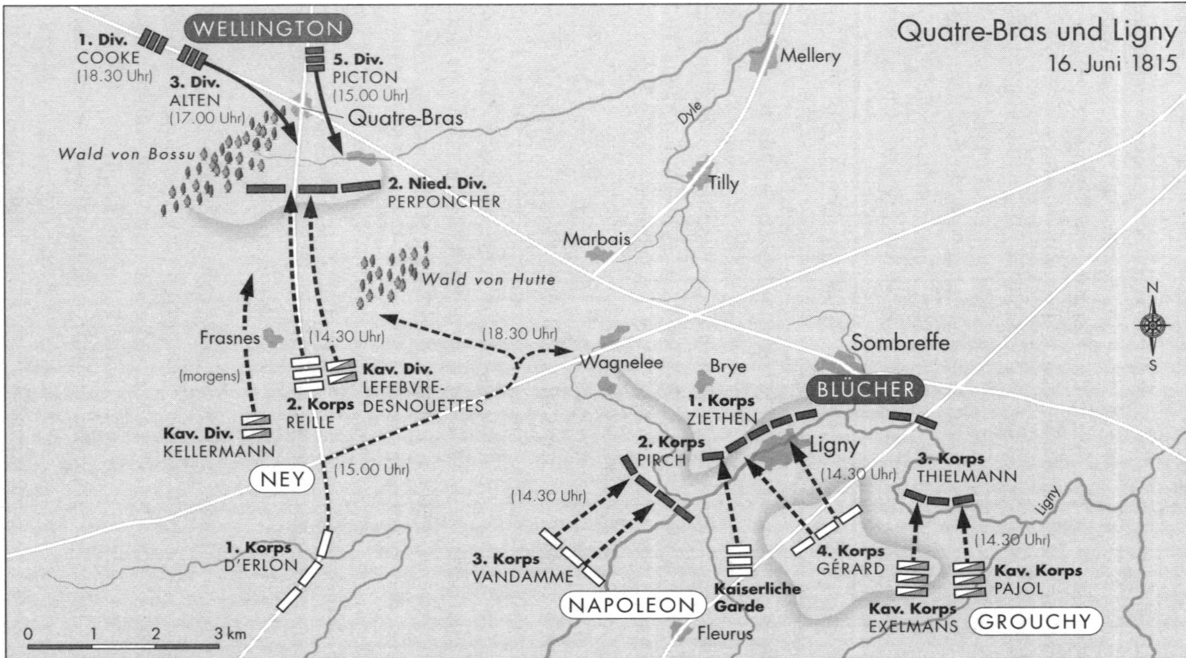

Quatre-Bras und Ligny
16. Juni 1815
WELLINGTON
1. Div.
COOKE
(18.30 Uhr)
3. Div.
ALTEN
(17.00 Uhr)
5. Div.
PICTON
(15.00 Uhr)
Quatre-Bras
Wald von Bossu
2. Nied. Div.
PERPONCHER
Mellery
Dyle
Tilly
Marbais
Wald von Hutte
Frasnes
(morgens)
(14.30 Uhr)
(18.30 Uhr)
Kav. Div.
LEFEBVRE-
DESNOUETTES
2. Korps
REILLE
Kav. Div.
KELLERMANN
NEY
(15.00 Uhr)
1. Korps
D'ERLON
Wagnelee
Brye
Sombreffe
BLÜCHER
1. Korps
ZIETHEN
2. Korps
PIRCH
Ligny
3. Korps
THIELMANN
(14.30 Uhr)
(14.30 Uhr)
(14.30 Uhr)
3. Korps
VANDAMME
NAPOLEON
Kaiserliche
Garde
Fleurus
4. Korps
GÉRARD
Kav. Korps
EXELMANS
Kav. Korps
PAJOL
GROUCHY
Ligny
N
S
0 1 2 3 km

leicht fürchtete er versteckt hinter dem Wald und hoch stehendem Getreide eine Übermacht Wellingtons, dessen Gefährlichkeit er aus dem Spanienfeldzug aus eigener Erfahrung kannte, vielleicht hatte er die Befehle Napoleons auch tatsächlich nicht verstanden. Es kam zu einem Wettlauf nach Quatre-Bras, den die alliierten Truppen nach einem Gewaltmarsch von 51 Kilometern für sich entschieden. Wellington brach gegen 3.00 Uhr morgens von Brüssel auf und befand sich gegen 11.00 Uhr bei Blücher, um das Schlachtfeld von Ligny in Augenschein zu nehmen.

Blücher hatte bei der Windmühle von Brye nordwestlich von Ligny Quartier bezogen, von wo man einen guten Überblick über das Terrain hatte. Der Herzog von Wellington war jedoch keineswegs überzeugt von der Aufstellung des Preußen, der alle seine Männer im Sichtfeld der Franzosen aufstellte und nicht, wie er selbst es gerne tat, hinter einen Höhenkamm versetzte. Wellington versprach schließlich, die Preußen zu unterstützen, «vorausgesetzt, er würde nicht selbst angegriffen». Rein quantitativ war die Lage für die Preußen durchaus vorteilhaft. Einer Armee von rund 82 000 Preußen standen nur etwa 60 000 Franzosen gegenüber.

Nach dem Treffen mit Blücher eilte Wellington zurück nach Quatre-Bras, um dort das Kommando zu übernehmen. Eigentlich hatte Wellington seine Truppen bei Nivelles in Stellung bringen wollen, als ihn die Nachricht vom französischen Vormarsch erreichte, doch die niederländisch-nassauischen Truppen unter de Rebecque waren ja bereits weit über diesen Punkt hinaus, und Rebecque war sich nach Rücksprache mit den älteren niederländischen Offizieren sicher, dass die Stellung bei Quatre-Bras gut zu halten sei. Am Morgen des 16. Juni übernahm Prinz Wilhelm von Oranien das Kommando. Er hatte realisiert, dass Ney es auf ein Treffen anlegte, und selbständig um Verstärkung durch die 1. und 3. Braunschweiger Division aus Nivelles ersucht. Eine Infanteriedivision aus Belgiern, Niederländern und Nassauern sicherte derweil Quatre-Bras, vor dem noch der Pachthof Gemioncourt eine Art befestigten Vorposten bot. Der Ort war zur Verteidigung gut geeignet, da nach Osten die erhöhte Straße nach Namur als Verschanzung dienen konnte, während der vorgelagerte Pachthof Piraumont eine weitere kleine Bastion darstellte. Nach Südwesten befanden sich mit Pierrepont ein dritter Pachthof sowie der Wald von Bossu.

Nur rund 11 Kilometer voneinander entfernt entwickelten sich mit Ligny und Quatre-Bras zwei separate Schlachten mit je eigener Verlaufslogik. Napoleons Entscheidung, seine Armee zu teilen, erwies sich als riskant. Dabei war sein Plan denkbar einfach. Während Ney die Niederländer und Briten bei Quatre-Bras zurückschlagen sollte, band Napoleon die preußische Armee bei Ligny frontal. Nach Neys Erfolg sollte dieser von Westen in die preußische Flanke schlagen und den Sieg komplett machen. Wiedervereint konnte man sich danach Wellington zuwenden. Blücher hingegen setzte seine Hoffnungen in das umgekehrte Szenario, die Männer Napoleons so lange aufzuhalten, bis die Briten ihnen von Westen in die Flanke fielen und den Erfolg besiegelten. Beide Hoffnungen sollten jedoch unerfüllt bleiben.

Erst gegen 14.00 Uhr griff Marshall Ney Quatre-Bras an – zu spät und zu zögerlich. Seine anfangs hohe zahlenmäßige Überlegenheit von 28 000 zu 8000 konnte so kaum ausgespielt werden, schafften es die Alliierten doch rasch, weitere Verbände wie etwa Sir Thomas Pictons 5. britische Infanteriedivision ins Gefecht zu bringen und ihre Gesamtstärke schließlich auf 32 000 Mann zu erhöhen. Jede Verstärkung traf gerade noch rechtzeitig im Moment der nächsten Krise ein, um einen Umschwung zu verhindern. So berichtet Constant Rebecque in seinem Tagebuch: «Es war kurz nach drei Uhr, als glücklicherweise zu diesem Zeitpunkt die fünfte englische Division von Brüssel kam, gefolgt von den Truppen von Braunschweig und denen des Kontingentes von Nassau. In Quatre-Bras angekommen, greifen die Schotten umgehend den Feind an, stoßen ihn zurück, die Truppen formieren sich beim Ankommen nach und nach auf der Linken und gehen im Getreidefeld bei dem Materne-Weiher vor. Es wird auf der ganzen Linie gefeuert. Die Kavallerie von Braunschweig erscheint, macht mehrere Ausfälle und der Herzog fällt.» Fast beiläufig berichtet Rebecque damit über die tödliche Verwundung von Herzog Friedrich Wilhelm von Braunschweig-Oels, genannt der Schwarze Herzog, in einem Gefecht mit französischen Kürassieren.

Quatre-Bras entwickelte sich zu einer für Wellingtons Taktik charakteristischen Defensivschlacht, jedoch mit einem weitaus größeren Grad an Improvisation. So musste der Herzog alsbald realisieren, dass die Franzosen sowohl das Gehöft Gemioncourt als auch den Pachthof von Piraumont bereits eingenommen hatten. Doch sollte es den Franzosen nicht gelingen, die Straße zu erreichen und zu besetzen.

Im Zuge der französischen Revolutionskriege hatte sich an der Kampfweise der Infanterie einiges verändert. Vor den eigentlichen Schützenreihen standen sogenannte Tirailleure oder Scharmützler, die in ungeordneter freier Formation mit hoher Zielgenauigkeit operierten. Eine äußerst effektive Taktik, die dem Gegner bereits schwere Verluste zufügen konnte, bevor es zum Zusammenstoß der Linien kam. Das hatten auch die alliierten Armeen in den zurückliegenden 20 Jahren Koalitionskrieg gelernt, und so standen etwa die 95er Schützen oder die leichten Infanteristen der *King's German Legion* vor den britischen Linien. Die 95er waren mit dem sogenannten ‹Baker-Karabiner› ausgestattet, einer von dem Londoner Waffenbauer Ezekiel Baker entworfenen Waffe mit hoher Zielsicherheit auf 200 Meter Distanz. Genau die 95er Schützen waren es nun, die gemeinsam mit einem Bataillon Braunschweiger als erste Verstärkung die linke Flanke an dieser Stelle sicherten.

Ein sinnfälliges Beispiel für die Eigendynamik von Gewalt in einer Schlacht bot der Kampf zwischen französischen Lanzenreitern und dem 42. Bataillon der Highlander, der sogenannten *Black Watch*. Die rund 500 Männer schritten auf offenem Feld voran, in dem Bewusstsein, an ihrer Flanke von braunschweigischer Kavallerie gedeckt zu werden. Plötzlich wurde jedoch klar, dass es sich stattdessen um französische Lanzenreiter handelte. Die Schotten versuchten, ein Karree zu formieren, brachten aber nur eine wilde, nach außen gekehrte Gruppe zustande, die sich um ihre Fahnen drängte. Die vorausstehenden Scharmützler wurden nun ebenso ein Opfer der Lanzen wie der Kommandeur der Schotten, Sir Robert Macara. Dass sich Macara bereits von vier Männern getragen auf dem Weg hinter die Linien befand, als die Franzosen die Gruppe entdeckten und alle fünf niedermachten, sollte die Gewalt in der Folge noch weiter anfachen. Als es den 42ern später gelang, die Reiter zurückzuschlagen, waren sie durch diese Aktion so aufgebracht, dass ihre Offiziere den ganzen Tag Mühe hatten, sie vom Niedermetzeln sich ergebender Franzosen abzuhalten, denen sie mit der Frage entgegentraten «Wo ist Macara?». Episoden wie diese dienten der Literatur immer wieder dazu, die besondere Kohäsion und rangübergreifende Solidarität der britischen Truppen herauszustellen; sie zeigen jedoch vor allem, dass auch im Rahmen offenbar völlig entgrenzter Gewalt Regeln existierten, deren Überschreitungen unkontrollierbare Reaktionen hervorriefen.

Für die 42er war der Kampf damit noch lange nicht vorbei. Den Lanzenreitern folgten die Kürassiere von General François Etienne Kellerman, die Angriff um Angriff ritten. Am Ende standen von den 526 Männern der 42er noch 238, während Kellermans 700 Kürassiere rund 250 Mann verloren. Gelang es der Infanterie, rechtzeitig ein Karree zu formieren, konnten sie der Kavallerie gut standhalten. Gefährlich wurde es jedoch für die Linien. Als der Prinz von Oranien befahl, die drei gerade eingetroffenen Bataillone der 69er, 33er und 73er in Linie aufstellen zu lassen, wurde dies schmerzlich offenbar. Den 73ern gelang es, im Gehölz des Wäldchens von Bossu Schutz zu suchen, die 33er konnten ein Karree formieren, aber die 69er wurden von Kellermans Kürassieren aufgerieben. Wie vollständig die Zerstörung der Einheit war, zeigt sich unter anderem daran, dass es den Franzosen gelang, die Fahne der 69er zu erobern. Damit aber war auch der Höhepunkt des französischen Erfolgs an diesem Tag erreicht.

Wellington setzte am frühen Abend zum Gegenangriff an. Dabei kam seinen Männern das hoch stehende Getreide zu gute, wie der Freiherr von Müffling berichtet: «Die Schwäche der entgegenkommenden englischen Armee wurde der französischen durch das hohe Getreide verborgen; zwei Neunpfünder-

Batterien beschossen die rechte Flügel-Colonne wirksam. Auf deren Unordnung folgte eine Pause; die Verstärkungen kamen von zwei Seiten an, der vollständige Sieg blieb in den Händen des Herzogs.» Ganz so einfach stellte sich das Terrain für die Alliierten jedoch nicht dar. Der Lüneburger Carl Jacobi berichtet über die Unübersichtlichkeit der Situation: «Beim Durchbrechen der vielen Hecken, in den mannshohen Kornfeldern, und im Waldgefechte waren die Leute so durcheinander gekommen, daß jeder Officier Abtheilungen führte, welche aus allen Compagnien gebildet waren; zuletzt befanden sich Engländer, Braunschweiger und Hannoveraner gänzlich vermischt. Dabei waren viele Leute im rückwärtigen Terrain liegen geblieben, theils aus Ermattung, theils aus geringer Lust sich bloß zu stellen.» Mehrfach zeigte sich auch in diesem Gefecht, wie sehr die in vorderster Linie agierenden kommandierenden Generäle selbst größter Lebensgefahr ausgesetzt waren. Der Prinz von Oranien entging angeblich nur durch die Schnelligkeit seines Pferdes der Gefangenschaft. Es gelang den Alliierten schließlich, das Gehöft von Gemioncourt zurückzuerobern, und unter den Franzosen machte sich gegen Tagesende eine Art Panik bemerkbar. Gegen 21.00 Uhr war die Schlacht beendet. Baron de Constant Rebecque berichtet: «Das Feuern hält bis in die Nacht an, dann zieht sich der Feind zurück und nimmt die Stellung vom Morgen auf den Höhen von Frasnes wieder ein.» Beide Armeen hatten mit Ausnahme des französisch besetzten Gutes Grand-Pierrepont nun wieder die gleichen Positionen inne, die sie auch am Morgen innegehabt hatten: in der räumlichen Logik einer Schlacht war Quatre-Bras also ein klassisches Unentschieden.

Ganz anders gestaltete sich Napoleons Erfolg bei Ligny. Er beobachtete das Schlachtfeld von seinem Hauptquartier in Fleurus von einer Windmühle aus. Auf dem Schlachtfeld, das auf der Wasserscheide zwischen Schelde und Maas gelegen war, befanden sich drei feste Orte, in Gestalt der Dörfer Ligny, St. Amand und Wagnelée. Die Kämpfe begannen erst gegen 14.30 Uhr, als Napoleon sichergehen konnte, dass von Seiten Quatre-Bras keine Gefahr drohte.

Der preußische Infanteriegeneral Ludwig von Reiche berichtet in seinen Memoiren: «Um halb 3 Uhr fiel der erste Schuß. Bald darauf drang eine Wolke Tirailleure, von geschlossenen Massen gefolgt, auf der ganzen Linie gegen St. Amand unter fortwährendem Feuern unaufhaltsam und mit überlegener Macht vor und bemächtigte sich sogleich des Dorfes auf dem linken Flügel.» Wie von Wellington antizipiert, wirkte sich das französische Artilleriefeuer auf die ungeschützt stehenden Kolonnen der Preußen verheerend aus. Die nach Beschuss aus Richtung Fleurus einsetzenden Angriffe der französischen Infanterie setzten sich bald an einigen umkämpften Ortschaften wie St.-Amand-la-Haye fest. Es kam nun zu heftigen Häuserkämpfen vor allem auch um Ligny selbst, bis Blüchers Männer gegen 17.00 Uhr so unter Feuer standen, dass Reserven ins Feld geführt werden mussten. Blücher führte nun persönlich den preußischen Gegenangriff auf die linke Flanke der Franzosen. Napoleon und Ney warteten auf Unterstützung durch Truppen von General Drouet d'Erlon. Eigentlich waren dessen Einheiten zur Unterstützung Neys bestimmt, doch beorderte Napoleon sie während der Kämpfe nach Ligny. Ney forderte sie gleichzeitig auf, wieder nach Quatre-Bras zu kommen, obwohl Napoleon ihn selbst mit den Worten «das Schicksal Frankreichs liegt in Ihrer Hand» dazu aufgefordert hatte, ihn bei Ligny zu unterstützen. In der Folge erreichte d'Erlon weder das eine noch das andere Schlachtfeld rechtzeitig.

Die Konsequenzen waren jedoch an beiden Orten unterschiedlich. Quatre-Bras brachte Verluste in der Größenordnung von rund 9000 Mann, etwa 4000 auf französischer und ca. 4800 auf alliierter Seite; insgesamt kann das Resultat als eine Art Patt beschrieben werden. Bei Ligny hingegen gelang es Napoleon mit einem entscheidenden Angriff seiner Garde gegen 19.45 Uhr, die preußischen Truppen in Auflösung zu bringen. Es war ein geradezu idealtypischer Angriff, der mit heftigem Artilleriefeuer begann, dann die Garde bis zum Bajonettkampf in die preußischen Linien eindringen ließ, während diese von Kavalleriebrigaden unterstützt wurden. Blücher führte mit der Reservekavallerie unter Generalleutnant von Röder einen Gegenangriff, bei dem dessen Pferd tödlich getroffen wurde und den

Generalfeldmarschall unter sich begrub. Blücher, von den französischen Reitern unbemerkt, wurde später von seinem Adjutanten, dem Major von Nostitz, gerettet. Gegen 20.30 Uhr erfolgte der Durchbruch der Alten Garde bei Ligny, während Brye noch bis 3.00 Uhr nachts gehalten wurde. Die Verluste sprechen eine deutliche Sprache. Rund 16 000 Preußen wurden getötet oder verwundet und 8000 Männer desertierten. Napoleon setzte eine Depesche an *Le Moniteur Universel* auf, in der Ligny und Quatre-Bras als zwei weitere Siege verkündet wurden, eine Nachricht, die ihre Wirkung in Paris nicht verfehlte. Viele Pariser bejubelten den Sieg ihres Kaisers. Doch der eigentliche Plan Napoleons, die Truppen Blüchers vollständig aufzureiben, war gescheitert. Schlimmer noch, entgegen der vielleicht erhofften, vielleicht zu erwartenden Reaktion eines preußischen Rückzugs nach Süden und dann in Richtung Heimat marschierte General August von Gneisenau mit den ihm verbleibenden Männern nach Norden in Richtung Wavre. Ney hatte bei Quatre-Bras zu spät angegriffen und damit die Möglichkeit zunichte gemacht, Napoleon zu Hilfe zu kommen. Wellington war insofern erfolgreich, als er genau dies gegen eine Übermacht verhindert hatte. Aber er konnte seinerseits auch den Preußen nicht zu Hilfe eilen, denn der Fall, der dies unmöglich machen würde – «er selbst würde angegriffen» –, war eingetreten. Anstatt einer freien Straße zu den preußischen Verbündeten eröffnete sich nun ein Weg, auf dem Napoleons siegreiche Truppen auf die linke Flanke Wellingtons vorrücken konnten. Die Strategie des Kaisers der Franzosen schien ihrer Verwirklichung nah.

Bis Mittag hatten die Alliierten ihre Verwundeten vom Schlachtfeld von Quatre-Bras geborgen. Was nun bevorstand, war der riskante Weg von etwa zwölf Kilometern nach Mont St. Jean. Eine günstige Gelegenheit für Ney, nachzusetzen und Wellington zu verfolgen. Doch Ney zögerte abermals, und nichts passierte außer leichtem Geplänkel der Scharfschützen. Napoleon war außer sich und beschämte Ney mit dem Satz: «On a perdu la France.» Weder Wellington noch die Preußen wurden verfolgt, und so verlor sich ihre Spur. Auch die scheinbar nach Osten fliehenden Preußen stellten sich lediglich als eine Gruppe desertierender Rheinländer heraus. Marschall Grouchy wurde mit rund 33 000 Mann zur Verfolgung der Preußen geschickt. Als Napoleon nun selbst die Verfolgung Wellingtons in Angriff nahm, war es zu spät. Monsunartiger Regen setzte ein und machte jede weitere Initiative zunichte. Obwohl die Schlachten von Ligny und Quatre-Bras, was das strategische Gesamtergebnis betrifft, eher begrenzte Folgen hatten, waren sie doch mehr als eine bloße Vorgeschichte der Schlacht von Waterloo. Sie hatten die Kräfte aller Parteien bereits schwer beansprucht und bestimmten damit die Voraussetzungen, unter denen die Armeen in die nächste Schlacht gehen sollten.

III. Auf dem Weg nach Waterloo: Räume und Strategien

Vor dem Beginn einer jeden Schlacht stehen die Wahl und Erkundung eines geeigneten Terrains sowie die Beobachtung der gegnerischen Truppenbewegungen, zeitgenössisch auch als «rekognoszieren» bezeichnet. Die Position Wellingtons war sehr stark, vor allem was die Möglichkeiten der Defensive anging. Der Höhenzug um Mont St. Jean, den Wellington schon von Erkundungsritten in Belgien Wochen vor Napoleons Einmarsch kannte, schien zur Verteidigung wie geschaffen. Auch der Grund um Belle-Alliance wurde von Wellingtons Quartiermeister Sir William De Lancey in Betracht gezogen, doch entschied jener sich schließlich dagegen, da das Terrain für eine Verteidigung zu langgezogen war. Dadurch hätte sich die Massierung der britischen Truppen in der Tiefe abgeschwächt, was gerade im Verteidigungsfall von Nachteil gewesen wäre. Am Dorf Mont St. Jean kreuzten sich die beiden wichtigsten Wege nach Brüssel, die Straße aus Richtung Genappe und Charleroi und die aus Richtung Nivelles. Mont St. Jean bildete die letzte Defensivposition vor dem Wald von Soignes, in dem kein effektiver Kavallerie- oder Artillerieeinsatz möglich war.

Auch lag der Ort nur rund 12 Kilometer von Wavre, dem Aufenthalt der sich neu formierenden preußischen Truppen entfernt. Als das zentrale Charakteristikum des Schlachtfeldes gilt jedoch seine geringe Größe von nur rund vier mal vier Kilometern. Wellingtons Schlachtordnung besaß zwei befestigte Punkte im vorderen Bereich. Das Anwesen von Hougoumont, rund vierhundert Meter vor der rechten Flanke gelegen, mit größeren Gebäuden, einem ummauerten Garten, einem Obstgarten, Bäumen und Hecken bot eine gute Verteidigungsmöglichkeit. Vor dem Zentrum der Linien Wellingtons befand sich in rund 250 Metern Entfernung das Gehöft La Haye Sainte. Kleiner als Hougoumont bot das Gehöft mit seinem dichten Ensemble von Gebäude, Mauer und Garten dennoch eine stabile Position. Mitten im Zentrum befand sich damit ein Widerstandspunkt, den ein französischer Angriff kaum ignorieren konnte. Vor der linken Flanke Wellingtons lagen mit Papellote und La Haie zwei weitere Gehöfte, ein kleines Schloss namens Frichermont und das Dorf Smohain. Auch diese Gebäude konnten als feste Widerstands- und Haltepunkte fungieren; noch stärker war die linke Flanke aber wohl durch die Beschaffenheit des Bodens geschützt. Die Lasne, ein kleiner Fluss, bildet dort ein Tal mit Hängen, Furchen und Hecken, in dem angesichts des Niederschlags nur schwer zu manövrieren war. Die Bewohner der Gegend zwischen Quatre-Bras und Mont St. Jean traten mit allem, was sie tragen konnten, die Flucht an. Leutnant Emanuel Biedermann von der *King's German Legion* berichtet: «Vor uns hatten wir den traurigen Anblick, ganze Scharen von Landleuten ihre Wohnungen verlassen zu sehen, um sich und ihre bewegliche Habe vor dem uns nachdringenden Feinde in Sicherheit zu bringen. Männer, ihr Vieh vor sich hertreibend, andere mit Bündeln bepackt, Weiber ihre Kinder tragend und nachziehend, flohen jammernd und weinend nach allen Seiten landeinwärts.» In Brüssel verbreitete sich Panik angesichts des Gerüchts, die alliierten Truppen Wellingtons seien ebenso wie die Preußen geschlagen und Napoleons Truppen befänden sich auf dem Vormarsch. In einem wirren Durcheinander von Kutschen, Pferden, Dienstboten, Gepäckstücken und Herrschaften machte sich eine britische Kutsche nach der anderen in Richtung Antwerpen auf.

Am Nachmittag des 17. Juni hatten so schwere Regenfälle eingesetzt, dass Wellington bemerkte, selbst in Indien nichts Vergleichbares erlebt zu haben. In kurzer Zeit verwandelte sich das gesamte Terrain in Morast. Nur die Hauptstraße, die von der französischen Grenze nach Brüssel führte, war passierbar, aber bereits vollgestopft mit Männern, Pferden und Ausrüstung der französischen Armee. Napoleon selbst kam irgendwann durchnässt an einem Bauerngasthof mit Namen Le Caillou an, wo er die Nacht verbringen sollte. Von diesem Gasthof aus konnte er mit einem Fernrohr bereits Wellingtons Truppen erkennen. Zur Erkundung des Geländes verpflichtete Napoleon einen Anwohner mit Namen Jean-Baptiste Decoster, der bei Belle-Alliance wohnte. Da Decoster jedoch offenbar zuvor in kabarettistischen Auftritten Napoleon lächerlich gemacht hatte, beschloss dieser, ihn mit auf dem Rücken gefesselten Händen an das Pferd eines Offiziers zu binden. Decoster war davon verständlicherweise wenig angetan und revanchierte sich mit geschickt gewählten Falschinformationen.

Der Vormarsch der französischen Truppen wurde durch den schweren Regen enorm verlangsamt. Auch die Disziplin litt zusehends. Die kaiserliche Garde etwa hatte auf ihrem Weg angefangen, jedes Haus und jeden Nachschubwagen auf der Suche nach Nahrung zu plündern, während die Militärpolizei machtlos zusah. Viele Männer verliefen sich auf der Suche nach Abkürzungen und alle waren mit Schlamm bedeckt. Die Stimmung war auf einem Tiefpunkt. Mediziner wie der Chefchirurg der kaiserlichen Garde, Jean-Dominique Larrey (1766–1842), der mit einer «fliegenden Ambulanz», einem speziellen, den Artilleriegespannen nachgeahmten Vehikel, auf dem Schlachtfeld operierte, hatten alle Hände voll mit der Versorgung der Verwundeten zu tun. Die Besonderheit von Larreys Vorgehen war, die Soldaten so schnell wie möglich zu operieren – oft in einem Moment, als sie noch unter Schock standen. Die Briten hingegen operierten ihre Verwundeten meist weit hinter der Front; viele der Soldaten erhielten ihre erste Behandlung erst in Brüssel.

Die Briten und Niederländer litten unter den extremen Wetterbedingungen nicht weniger als die Franzosen. Sergeant William Wheeler von der 51. Leichten Infanterie, der mit seinen Männern in einem Roggenfeld auf der rechten Außenseite der alliierten Linie kampierte, berichtete später, er sei so nass gewesen, als ob er kopfüber in einen Fluss gesprungen sei. Um nicht von einer französischen Patrouille aufgespürt zu werden, war den Männern offenes Feuer verboten; sich innerlich zu wärmen, dafür blieb ihnen nun allein ihr Tabak. Der Hamelner Friedrich Lindau von der *King's German Legion* etwa berichtet, wie es gegen 16.00 Uhr «plötzlich finster» wurde, «wie in der Nacht; Blitze erleuchteten die Dunkelheit und das Krachen des Donners begleitete das Brüllen der Kanonen. Wir drängten uns so eng zusammen, daß wir hätten in einer großen Stube Platz finden können und ließen den Regen auf uns herabströmen, welcher so heftig war, daß wir bald bis an die Knie im Wasser standen».

Nicht nur den Offizieren, sondern zum Teil auch den gemeinen Soldaten war es erlaubt, ihre Familien mit ins Feld zu nehmen. Aus diesem Grund fand sich auch eine Vielzahl von Frauen und Kindern rund um das Schlachtfeld, die nicht selten vergleichbare Risiken wie ihre Männer und Väter eingingen, wie verschiedene Zeugnisse über getötete Frauen und Kinder belegen.

Napoleon schlief angeblich die ganze Nacht nicht; aus Sorge, die gegnerischen Truppen könnten sich zurückziehen, war er jedoch entschlossen, ihnen in diesem Fall sofort nachzusetzen. Gegen 3.00 Uhr morgens beschloss er eine Rekognoszierung des Gegners vorzunehmen und entsandte einen seiner Ordonnanzoffiziere, General Gaspard Gourgaud. Als dieser zurückkehrte, konnte er nur vom desaströsen Zustand der Straße berichten und von einem Terrain, das einen frühen Beginn der Kämpfe wenig wahrscheinlich machte. Auch Wellington wachte zur gleichen Zeit in seinem Gasthof in Waterloo und schrieb eine Reihe von Briefen. Sie dokumentieren vor allem die Sorge um die Bourbonen und den eigenen Rückzug im Fall einer Niederlage. An den Herzog von Berry, den Neffen des französischen

Königs, schrieb er, dass dieser sich nach Antwerpen begeben und in der dortigen Zitadelle Schutz suchen sollte; den Gouverneur von Antwerpen wies er gleichzeitig an, die Festung für den Verteidigungsfall vorzubereiten und nur die Bourbonen und vor dem Feind fliehende Zivilisten hineinzulassen. Den britischen Botschafter in Brüssel, Sir Charles Stuart, instruierte er, im Fall eines Rückzugs und einer Evakuierung der Briten dafür zu sorgen, dass alles in der nötigen Ruhe abliefe. Schließlich schrieb er der jungen Lady Frances Webster, mit der er die letzten Wochen in Brüssel verbracht hatte. Auch ihr gab er den dringenden Hinweis, sich für einen baldigen Aufbruch in Richtung Antwerpen bereitzuhalten.

Gegen 4.00 Uhr morgens dämmerte es. Beim Anblick der aufgehenden Sonne schwand die Sorge Napoleons, der Regen könnte einen Angriff unmöglich machen, und er verkündete angeblich selbstbewusst: «Heute Abend werden wir in Brüssel schlafen.»

Noch während der Nacht hatte Napoleon eine Depesche von Marschall Grouchy erreicht, der berichtete, dass noch nicht klar sei, in welche Richtung sich die Hauptstreitmacht der Preußen nach der Niederlage bei Ligny bewegen würde – nach Norden, in Richtung Wavre, oder nach Südosten, zur Straße nach Namur. Sobald er genauer Bescheid wisse, würde er sich an die Verfolgung der Preußen machen. Kurz bevor er sein Hauptquartier verließ, erhielt auch Wellington eine Depesche, in der Blücher ihm mitteilte, dass er mit zweimal so vielen Truppen zu Hilfe eilen würde, wie der Herzog von ihm verlangt hatte. Wie sehr die beiden Heerführer den jeweiligen Meldungen Vertrauen schenkten, lässt sich kaum klären. Beiden scheinen sie aber eine gewisse Beruhigung gegeben zu haben. Wellington hatte keinen eigentlichen Stabschef, da er niemandem zutraute, seine Aufgaben in der gleichen Qualität wie er selbst zu erledigen. Zweiter Kommandierender nach Wellington war Lord Uxbridge, Oberbefehlshaber der britischen Kavallerie, der den Herzog nach seinen Plänen befragte, allerdings nur recht brüsk abgefertigt wurde mit der Aussage, dass seine Pläne sich nach denen des Kaisers richteten, er über diese aber nicht informiert sei. Wer in diesem Augenblick das größere Vertrauen in die Situation hatte, wurde beim Frühstück in Le Caillou deutlich. Vor den ausgebreiteten Karten eröffnete Napoleon seinem Stabschef Marschall Soult, dem Herzog von Bassano, Drouet und einigen Generälen: «Die feindliche Armee ist der unserigen um mehr als ein Viertel überlegen. Aber wir haben nichtsdestoweniger neunzig Chancen für uns und keine zehn gegen uns.» In dieser Runde fand Napoleon im Gespräch mit Soult, der ihn auf die Kampfkraft der britischen Infanterie hinwies und anregte, Teile von Grouchys Männern zurückzubeordern, die berühmt gewordenen, abfälligen Worte für den Gegner: «Weil Sie von Wellington geschlagen worden sind, gilt er in Ihren Augen für einen bedeutenden Feldherrn. Ich aber sage Ihnen, daß Wellington ein höchst mangelhafter Feldherr ist und die Engländer schlechte Soldaten sind, sowie daß die Sache einem Frühstück gleichen wird.» Soult blieb nur zu entgegnen: «Ich will es wünschen.»

Nach den Verlusten bei Ligny und Quatre-Bras standen für den 18. Juni auf französischer Seite noch rund 77 500 Mann für den Einsatz zur Verfügung. Davon verteilten sich 53 400 Mann auf 103 Infanteriebataillone, aufgestellt in zwölf Divisionen, davon wiederum 32 189 Mann reguläre Infanterie und 8511 leichte Infanterie. Die Garde verfügte noch über 4840 Mann alte, 3587 mittlere und 4283 junge Gardisten. Hinzu kamen 15 600 Mann Kavallerie und 6500 Artilleristen mit mehr als 246 Geschützen. Auf Seiten Wellingtons standen noch 73 200 Mann unter Waffen. Auch die Zahl der in 84 Bataillonen organisierten Infanteristen ähnelte mit 53 850 Soldaten der der Franzosen. Im Bereich der Kavallerie waren die Briten schon aus logistischen Gründen traditionell etwas schwächer aufgestellt und schickten 13 500 Reiter ins Treffen. Ähnliches galt für die Artillerie, die sich an diesem Tag aus 5000 Mann mit 157 Geschützen zusammensetzte.

Die Armee Wellingtons war 68 000 Mann stark und auf einer Frontlinie von ca. drei Kilometern aufgestellt. Einen Kilometer weiter westlich befanden sich rund 7000 Niederländer, während weitere 17 000 Mann in etwa 12 Kilometern Entfernung ebenfalls in westlicher Richtung bei Hal standen. Neuerlich zeigte sich die Sorge Wellingtons um einen sicheren Rückzug für den Fall, dass Napoleons Männer den Sieg davontragen sollten. Der Großteil der Truppen Wellingtons entlang der drei Kilometer stand westlich der Straße von Genappe nach Brüssel in einer vier Mann tief gestaffelten Linie. Nicht zuletzt angesichts der angekündigten Unterstützung durch die preußischen Truppen war der Flügel östlich der Straße wesentlich schwächer bestückt und umfasste nur fünf Artilleriebatterien und noch nicht einmal ein Drittel der Infanterie. Ungewöhnlich an dieser Art der *ordre de bataille* war jedoch vor allem, dass der Herzog nicht wie gewohnt die Kavallerie auf den Flanken positionierte, sondern neun Kavalleriebrigaden im Zentrum und zum Schutz der schwächeren rechten Flanke einsetzte. Die kompakte Aufstellung auf engem Raum erfuhr so noch eine weitere Intensivierung im Zentrum.

Eigentlich hatte Napoleon geplant, seinen Angriff um 9.00 Uhr morgens zu beginnen. Doch seine Truppen waren zu diesem Zeitpunkt noch nicht in der geplanten Aufstellung. Der Regen hatte den Boden so aufgeweicht, dass zum einen die schweren Kavalleriegeschütze im Schlamm versanken und nicht ordentlich in Stellung gebracht werden konnten, zum anderen vollzogen sich aber auch die Manöver der riesigen Infanterielinien auf diesem Boden weitaus langsamer als geplant. Feuerten die Geschütze bei diesen Bodenbedingungen, gruben sie sich durch den Rückstoß so tief in den Matsch, dass sie danach nur schwer wieder zielgenau ausgerichtet werden konnten. Auch die Wirkung der einmal in Stellung gebrachten Artillerie wurde signifikant abgeschwächt, da die Kugeln nicht wie auf festem Boden aufschlugen und weiter nach vorne sprangen, sondern im Matsch steckenblieben. Für einen Frontalangriff, bei dem alles auf Geschwindigkeit, Konzentration und Kohäsion der vorrückenden Truppen ankam, bildete dies alles andere als eine gute Voraussetzung. Zusätzlich erschwert wurde der Angriff durch die Tatsache, dass die Franzosen gegen eine Anhöhe stürmen mussten. Im Vergleich mit Wellingtons Aufstellung standen Napoleons 72 000 Mann fast symmetrisch auf zwei Flanken verteilt. Er plante eine frontale Attacke, mit der Wellingtons Position bei Mont St. Jean eingenommen, die Straßen nach Brüssel

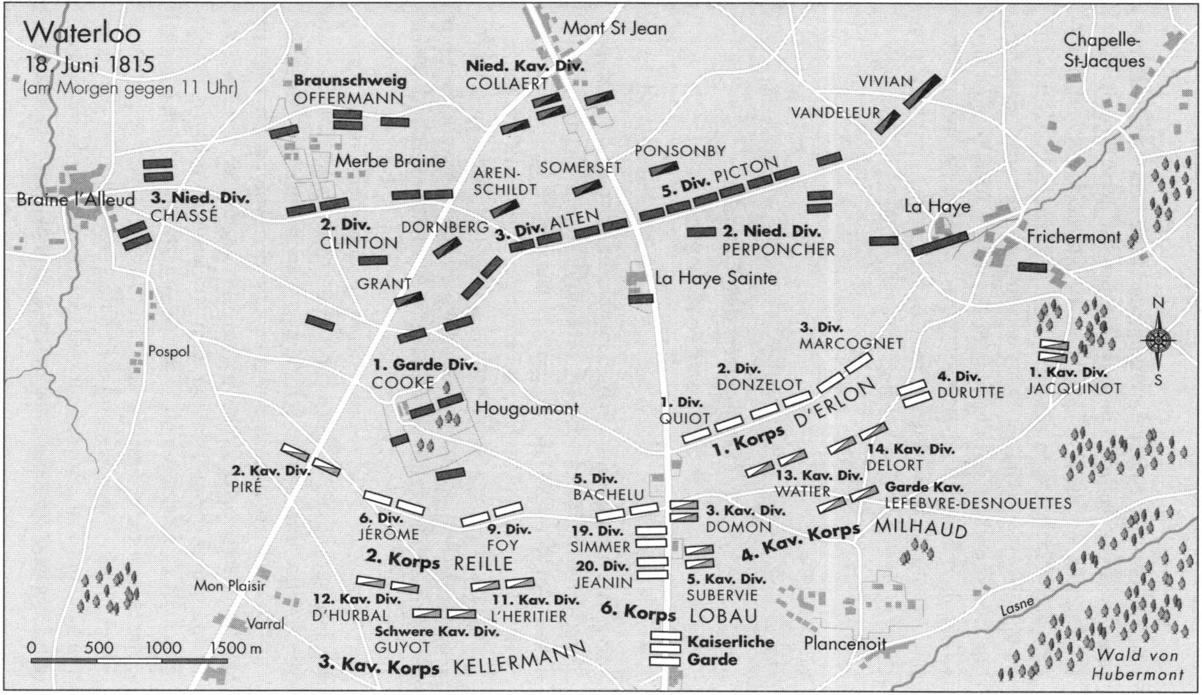
Waterloo
18. Juni 1815
(am Morgen gegen 11 Uhr)
Mont St Jean
Chapelle-St-Jacques
Braunschweig
OFFERMANN
Nied. Kav. Div.
COLLAERT
VIVIAN
VANDELEUR
Merbe Braine
AREN-SCHILDT
SOMERSET
PONSONBY
5. Div. PICTON
Braine l'Alleud
3. Nied. Div.
CHASSÉ
2. Div.
CLINTON
DORNBERG
3. Div. ALTEN
La Haye
2. Nied. Div.
PERPONCHER
Frichermont
GRANT
La Haye Sainte
Pospol
3. Div.
MARCOGNET
1. Garde Div.
COOKE
2. Div.
DONZELOT
4. Div.
DURUTTE
1. Kav. Div.
JACQUINOT
N
S
Hougoumont
1. Div.
QUIOT
1. Korps D'ERLON
14. Kav. Div.
DELORT
2. Kav. Div.
PIRÉ
5. Div.
BACHELU
13. Kav. Div.
WATIER
Garde Kav.
LEFEBVRE-DESNOUETTES
3. Kav. Div.
DOMON
6. Div.
JÉRÔME
9. Div.
FOY
19. Div.
SIMMER
4. Kav. Korps MILHAUD
2. Korps REILLE
20. Div.
JEANIN
5. Kav. Div.
SUBERVIE
Mon Plaisir
12. Kav. Div.
D'HURBAL
11. Kav. Div.
L'HERITIER
6. Korps LOBAU
Lasne
Varral
Schwere Kav. Div.
GUYOT
Kaiserliche Garde
Plancenoit
0 500 1000 1500 m
3. Kav. Korps KELLERMANN
Wald von Hubermont

kontrolliert und eine Vereinigung der alliierten Verbände verhindert werden sollten. Die Aussicht, binnen eines Tages in Brüssel einzumarschieren und die Stadt zu plündern, sollte den müden und durchnässten Soldaten die entscheidende Motivation bieten. Um 10.00 Uhr morgens warteten beide Seiten weiter ab. Die Briten und Niederländer in Stille, die Franzosen unter dem Klang ihrer Spielleute und zahlreichen «Vive l'Empereur»-Rufen. Es schien, als wollte die französische Armee im Sinne psychologischer Einschüchterung ihre Muskeln spielen lassen – aber nichts passierte.

IV. Das Gesicht der Gewalt: Praktiken des Kampfes

In vielen Aspekten unterschieden sich die Formen des Kampfes zwischen den Kriegen des 18. Jahrhunderts und der napoleonischen Ära kaum. Man begann das Gefecht in langen linearen Aufstellungen in Sichtweite voneinander und versuchte, die gegnerischen Linien zu durchbrechen und in Auflösung zu bringen. Drei taktische Formationen wechselten sich dabei ab: die Linie als Voraussetzung, um maximale Feuerkraft der vergleichsweise unpräzisen Musketen zu erreichen, die Kolonne als bevorzugte Aufstellung schnellen Manövrierens und schließlich das Karree als Formation zum Schutz vor Kavallerieattacken. Das Ziel einer jeden vormodernen Schlacht galt auch noch bei Waterloo: die Walstatt als den eigentlichen Ort des Aufeinandertreffens der Infanterieverbände zu halten, die gegnerischen Linien zu brechen und deren Truppen zum Rückzug zu bringen. Daher zielte alles auf eine «Kultur der Standhaftigkeit» (John Lynn), d. h. es galt für jeden Mann, auch angesichts von schwerstem Feuer nicht zu weichen und die Stellung zu halten. In den Worten Wellingtons: «Er und ich und jeder Engländer auf dem Feld muß notfalls auf dem Platz sterben, den wir jetzt besetzt halten.»

Um die Komplexität der unterschiedlichen Praktiken des Kampfes analytisch zu fassen, bietet es sich an, mit John Keegan das Ereignis in verschiedene Kampfkategorien entlang der drei Waffengattungen aufzulösen. Auf diese Weise ergeben sich sechs Arten der gewaltsamen Konfrontation: Infanterie gegen Infanterie, geschossführende Infanterie gegen geschossführende Infanterie, Artillerie gegen Artillerie, Kavallerie gegen Kavallerie, Kavallerie gegen Infanterie und Kavallerie gegen Artillerie. Als siebte Kategorie kommt der Einzelkampf hinzu, der sich jedoch zwischen Vertretern unterschiedlicher Waffengattungen abspielen konnte.

Setzt man die Aufschlüsselung nach Waffengattungen zu den einzelnen Angriffen und Gefechtsereignissen in Beziehung, wird deutlich, dass es den Franzosen offenbar kaum gelang, tatsächlich kombinierte Operationen von zwei oder gar allen drei Gattungen durchzuführen. Dazu fehlte es offenbar nicht nur am geeigneten Kommandostil und Überblick, sondern auch an der nötigen Flexibilität, während des Gefechts andere taktische Optionen zu wählen und rechtzeitig zu erkennen, wann sich eine Situation krisenhaft zuspitzte. Das operative Programm, alles auf die Mitte zu setzen und zunächst die Briten durch die große Batterie sturmreif schießen und dann Kavallerie massiert gegen die Karrees reiten zu lassen, erwies sich als unflexibel und angesichts einer stark defensiven Position als geradezu selbstzerstörerisch.

Aus einem zeitlichen Abstand von 200 Jahren besonders schwer zu rekonstruieren sind die unterschiedlichen Einstellungen zum Töten. In den Selbstzeugnissen von Offizieren seit dem 18. Jahrhundert fällt auf, dass diese selten oder nie von eigenem Tötungshandeln sprechen, sondern sich vielmehr selbst zumeist als Opfer und Zielscheibe beschreiben. Das mag einerseits religiöse und mentalitätsbedingte Gründe gehabt haben, zum anderen aber auch ganz praktische. Die Offiziere trugen immer weniger gefährliche Waffen und gingen mehr und mehr in der Rolle des Befehlsgebers, Ordnungshüters, Beobachters und Informanten auf, so dass die Situationen, in denen sie selbst in Einzelkämpfe verwickelt wurden, tendenziell seltener wurden.

Waffen und Ausrüstung ähnelten sich auf allen Seiten, so dass der Ausrüstungsstandard für die Frage von Sieg oder Niederlage kaum relevant war. Das Hauptaugenmerk lag auf der geballten Feuerkraft der mit Musketen bewaffneten Infanterie. Obwohl die Gewehre mit Bajonetten versehen waren, blieb der Nahkampf gewöhnlich die Ausnahme. Nur zwei Prozent der Verwundeten bei Waterloo wiesen Bajonettverletzungen auf. Das Festfahren einer Kampfsituation an befestigten Orten, wie es etwa bei La Haye Sainte der Fall sein sollte, charakterisierte eher das Scheitern der traditionellen Taktik als ein bewusstes Kalkül. Die meisten Männer starben weiterhin an Schussverletzungen. Zwar war die Zielgenauigkeit der Musketen und die Geschwindigkeit der Kugeln allgemein eher gering, doch verursachten gerade die langsameren Geschosse besonders gefährliche Verletzungen, und man versuchte die Gesamtfeuerkraft durch Drill und Geschwindigkeit beständig zu erhöhen. Die gängige Waffe der britischen Infanterie war die sogenannte *Brown Bess*, eine Sammelbezeichnung für eine Vorderladermuskete, welche die Briten mehr als ein Jahrhundert lang in Gebrauch hatten. Man unterschied je nach Länge des Laufs eine Land Pattern, India Pattern und New Pattern Muskete, die ungeladen ein Gewicht von ca. 4,8 Kilo hatten. Auf französischer Seite kämpfte man mit der Muskete Modell 1777, die nach ihrer Manufaktur auch häufig Charleville genannt wird. Sie war etwas leichter als die *Brown Bess* und hatte ein etwas geringeres Kaliber (0,69 statt 0,75 *inch*), so dass die französischen Soldaten keine britische Munition verwenden konnten. Im Gefecht erwiesen sich beide Waffen als ähnlich ungenau. Zwar war es möglich, bis zu fünf Schuss pro Minute abzufeuern, in der Praxis erreichte man jedoch bestenfalls eine Frequenz von zwei bis drei Schuss pro Minute. Ein Bataillon von 500 Mann konnte also zwischen 1000 und 1500 Schuss pro Minute abfeuern. Auf 70 Meter galt die Wahrscheinlichkeit getroffen zu werden als hoch, ein Treffer auf 130 Meter hingegen schon als großes Pech und ab 180 Meter als unwahrscheinlich. Neben den langen Reihen der Linieninfanterie versuchten paarweise operierende Plänkler leichter Infanterie, oftmals ausgestattet mit Büchsen, die eine höhere Zielgenauigkeit aufwiesen, die eigenen Linien mit gezieltem Feuer zu unterstützen. Waren die Waffen technisch ähnlich, so unterschied sich doch deren Einsatz zum Teil erheblich.

Im Gegensatz zu Wellington, der seine Artillerie eher zur Unterstützung aus der Nähe nutzte, trachtete Napoleon meist danach, eine *grande batterie* zu etablieren. So massierte er fast seine ganze Artillerie in einer zentralen Mittelstellung und versuchte, den Feind dadurch mürbe zu machen oder zu demoralisieren, was auch in vielen Fällen gelang. Für Wellington verbat sich diese Massierung im Fall Waterloos schon aus der Notwendigkeit heraus, seine Defensivposition über die ganze Linie zu sichern. Die Kavallerie schließlich hatte an praktischer Bedeutung im Gegensatz zu den Schlachten des 18. Jahrhunderts rapide eingebüßt, wenn auch ihr symbolischer Prestigewert immer noch ungleich hoch war. Zahlenmäßig überlegen hätte Napoleons Kavallerie bei Waterloo deutliche Vorteile gehabt, die jedoch aufgrund der ungleichen Aufstellung im Gelände kaum zum Tragen kommen sollten, zumal bei dem witterungsbedingten tiefen Geläuf.

Die Kavallerieattacke hatte zum einen die Funktion, den Gegner in Unordnung zu versetzen, zum anderen, mit besonderer Wucht an einer Stelle anzusetzen. Auch die psychologischen Effekte des massierten Angriffs sollten nicht unterschätzt werden: Besaß die angegriffene Infanterie nicht den nötigen Zusammenhalt und das erforderliche Selbstvertrauen, um ein verteidigungsfähiges Karree zu formieren, konnten die Reiter fatale Wirkung erzielen. Der symbolische Effekt der Kavallerieattacke lag neben der eindrucksvollen ästhetischen Wirkung vor allem in der Inszenierung ihrer Entscheidungsqualität. So setzte man Kavallerie an bestimmten Umschlagpunkten oder etwa bei der Verfolgung des Gegners ein, wodurch sich der Eindruck verstärkte, den eigentlichen Ausschlag hätte der Kavallerieeinsatz gegeben. Vor allem die erreichte Geschwindigkeit war bestimmend für die Art des Kampfes und das Ausmaß an tödlicher Gewalt; angefangen vom gestreckten Galopp mit raschen Hieben bis zu einem langsamen Ineinanderreiten mit Einzelkämpfern ergaben sich unterschiedliche Szenarien. Das Aufeinandertreffen von Kavallerieverbänden wird sowohl in manchen Augenzeugenberichten als auch in der Literatur als ein Aufeinanderprallen breiter geschlossener Reihen von Reitern mit hohem Tempo beschrieben. Selbst wenn dies das Ideal des Angriffs gewesen sein sollte, so entsprach es bei Waterloo wohl kaum den tatsächlichen Abläufen. Es waren keine «Mauern in höchst perfekter Linie», wie Lieutenant Samuel Waymouth von den *2nd Life Guards* sie beschrieb, sondern wesentlich lockerer gestaffelte Verbände in gemäßigtem Galopp. Allein die zahlenmäßige Unterlegenheit der britischen Reiterei spricht nicht für große Breiten und die Beschaffenheit des Bodens tat ein Übriges, um die Koordination bei höherer Geschwindigkeit zu erschweren. Eine Reiterschwadron von 120 Mann ritt in zwei Reihen à 60 Mann hintereinander, die nächste Schwadron folgte im Abstand von 100 Metern. Als die französischen Kürassiere auf die *2nd Life Guards* trafen, erfolgte dieser Zusammenstoß in Form eines kurzen Schwertgefechts, in dem die Briten offenbar die Oberhand gewannen und in die französischen Linien eindrangen. Während die schwere französische Reiterei mit Brustpanzern (Kürassen) ausgestattet war und über längere Säbel verfügte, ritt die schwere britische Kavallerie ungepanzert. Keineswegs selbstverständlich war dabei ein gewisses gegenseitiges Einvernehmen, sich auf einen Kampf Mann gegen Mann einzulassen. Kam es dazu nicht, scheint die Begegnung Kavallerie gegen Kavallerie wesentlich gewaltärmere Formen gehabt zu haben. Alexander Cavalié Mercer etwa berichtet über ein Treffen leichter Kavallerie am Abend vor der Schlacht: «Die Vordersten in den beiden Reihen waren nur wenige Meter voneinander entfernt, ständig in Bewegung, ritten hin und her, schossen ihre Karabiner oder Pistolen ab, luden sie wieder, immer noch in Bewegung ... Ich sah auf keiner Seite einen Mann fallen, das Ganze erschien ziemlich lachhaft, und wäre da nicht das Sausen der Kugeln gewesen, hätte man meinen können, es handle sich um ein Scheingefecht.» Auch andere Augenzeugen berichten davon, dass einige Kavalleriegefechte sich so abgespielt hätten, als ob man «die Finger der einen und der anderen Hand ineinanderschiebt». Die Reiter ritten durch die gegnerische Formation hindurch und formierten sich anschließend von Neuem. Dennoch sollte man sich diese Gefechte keineswegs zu harmlos vorstellen. Kam es zu Ungleichgewichten in Bewaffnung, Kondition der Pferde oder räumlicher Position, konnte ein Kavallerietreffen extrem blutige Formen annehmen. So waren etwa die französischen Lanzenreiter ihren britischen Gegnern deutlich überlegen und konnten diese auf Distanz vom Pferd stechen. Besonders gefährlich wurde es für die Angegriffenen im Falle des Rückzugs, wenn ihnen die Kavallerie nachsetzte und das Tempo bestimmte. Geriet eine Abteilung in einen Hohlweg, wie bei La Haye Sainte, konnte sie ebenso dezimiert werden wie Kavallerieverbände, die während einer Verfolgung zu weit in das von den gegnerischen Linien kontrollierte Terrain vorrückten. So geschah es etwa den *Scots Greys*, die in einem kurzen Moment rund 200 Männer und Pferde verloren.

Einen ständigen Quell von Friktionen bildete die Kommunikationssituation auf dem Schlachtfeld. Die extrem weiträumig aufgestellten Verbände mussten einerseits überblickt, andererseits mündlich von den Befehlen unterrichtet werden. Wurden Meldereiter getötet oder Nachrichten ignoriert, konnte es zu folgenschweren Fehlentscheidungen kommen. Um die Gesamtsituation zu kontrollieren, waren einerseits schnelle und genaue Informationen notwendig, andererseits auch das Verstehen und die Akzeptanz der Nachricht. Eine Defensivposition, wie Wellington sie einnahm, brachte gewisse Vorteile, da er weniger stark darauf angewiesen war, Vorstöße zu koordinieren und den Vormarsch zu regeln.

Sobald die Schützenreihen nahe genug gekommen waren und ihre Salven feuerten, war das Zentrum des Schlachtfeldes in dichte Rauchschwaden gehüllt, ein Faktor, der nicht nur weiterer Unübersichtlichkeit, sondern auch möglicher Unordnung Vorschub leistete. Umso wichtiger war dann die interne Kohäsion der einzelnen Formationen, um ein Auseinanderbrechen zu verhindern.

Die literarischen wie historiographischen Beschreibungen des 19. Jahrhunderts knüpften an eine frühneuzeitliche Darstellungstradition an, indem sie aus der Schlacht ein Theaterstück machten, ein Drama in fünf Akten mit klar bestimmten Bühnen und Akteuren. Es hat sich daher auch in der Waterloo-Historiographie eingebürgert, den Ablauf der Schlacht in fünf Phasen zu unterteilen: beginnend um 11.30 Uhr mit der von Artilleriefeuer unterstützten französischen Infanterieattacke auf Wellingtons rechten Flügel bei Hougoumont, dann gegen 13.30 Uhr den massiven französischen Infanterieangriff auf das linke Zentrum Wellingtons, gefolgt von einer Gegenattacke britischer Kavallerie, u. a. den *Scots Greys*, dann drittens gegen 16.00 Uhr die französischen Kavallerieangriffe auf Wellingtons rechten Flügel, viertens die preußischen Angriffe auf Napoleons rechten Flügel und dessen Artillerieeinsatz gegen den rechten Flügel der Alliierten und fünftens schließlich gegen 19.30 Uhr der letzte Angriff der kaiserlichen Garde, der schließlich in die Niederlage führte. Damit folgten viele Darstellungen nicht nur klassischen Erzähl- und Verlaufsmustern, sondern brachten vor allem ein weitaus höheres Maß an konsekutiver Strukturierung in das Ereignis, als es tatsächlich besaß. Bei näherer Betrachtung stellt sich die Aufeinanderfolge von Handlungen, die wir als Schlacht zusammenfassen, als ihrem Wesen nach kontingent und unüberschaubar dar. Die Angriffe erfolgten nicht sauber voneinander getrennt, einer nach dem anderen wie aus einem Lehrbuch der Taktik, sondern viele Kämpfe fanden zeitgleich statt und ohne dass die Akteure groß voneinander Kenntnis nahmen. Wie John Keegan meisterhaft dargestellt hat, blieb die Schlacht von Waterloo für einen Großteil ihrer Teilnehmer jenseits der Offiziere und kommandierenden Generäle geradezu unsichtbar, zum einen durch die fortwährende Beschäftigung mit Befehlsweitergabe und Kommandos, zum anderen durch die jeweilige Position auf dem Schlachtfeld. Eine Stellung am Hang unterhalb des Kammes, hochgewachsene Roggen- und Weizenfelder und die dichten Rauschschwaden des Pulverdampfes konnten das Sichtfeld erheblich einschränken. Vielen wird es folglich ähnlich gegangen sein wie Fabrice in Stendhals *Kartause von Parma*: «Ach, da bin ich also endlich im Feuer, sagte er sich. Ich habe Pulver gerochen. Nun bin ich ein richtiger

Soldat. – In diesem Augenblick sprengte die Eskorte in rasendem Lauf dahin, und unser Held begriff, daß es Einschläge waren, die die Erde ringsum aufspritzen ließen. Vergebens spähte er nach der Richtung, aus der die Kugeln kamen. Er sah in ungeheurer Entfernung nur den weißen Rauch der Batterie, während er inmitten des gleichmäßigen und ununterbrochenen Kanonendonners bedeutend nähere Abschüsse zu vernehmen meinte. Er verstand nichts von alledem.»

Unübersichtlichkeit, ein Mangel an Information und falsche Nachrichten führten auch dazu, dass die Männer der eigenen Seite aufeinander das Feuer eröffneten. Solche Fälle von «friendly fire» und Desorientierung ereigneten sich beispielsweise, als preußische Truppen in der fälschlichen Erwartung, von Grouchys Armee angegriffen zu werden, auf Nassauer feuerten. Doch auch die Franzosen realisierten beispielsweise erst während der letzten Kämpfe der alten Garde, dass die Männer, die sie ihrerseits für Grouchys Soldaten hielten, sich als die herannahenden Preußen entpuppten, die das Feuer eröffneten.

Als eine Art Fixpunkt für die Ordnung der Eindrücke des Gesehenen dienten die Gestalten der Heerführer: allen voran Napoleon, Wellington und Blücher. Sie fungieren in vielen Berichten als strukturierendes Element, wenngleich sie zum Teil auch so häufig an verschiedenen Punkten des Schlachtfeldes gleichzeitig gesehen wurden, dass die Authentizität der Beobachtung in manchen Punkten fragwürdig scheinen muss. Auch körperliche Erschöpfung durch Eilmärsche, Müdigkeit, Hunger, Nässe, Durchfall und Alkoholkonsum mochten die Wahrnehmungsfähigkeit beinträchtigen. Mit rund 50 bis 60 Pfund Gepäck am Leib und versorgt nur mit kargen Mahlzeiten dürfte die Kondition vieler Männer erheblich eingeschränkt gewesen sein.

Im Umkehrschluss zeigt die Auswertung dieser Blicke auf den Feldherrn, dass auch dessen Perspektive selbst eine höchst fragmentarische war. So sah Wellington nicht, was sich bei Hougoumont ereignete, und auch nicht, was mit der *Union Brigade* tief in den feindlichen Linien geschah. Dennoch unterschied sich seine Sicht auf das Ereignis allein durch seine hohe Mobilität auf dem Schlachtfeld signifikant von der des einfachen Soldaten. Vor allem ist es wichtig, in jedem Fall die Tatsache anzuerkennen und in die Betrachtungen einzubeziehen, dass auch Wellington und Napoleon nur eine je eigene Sicht der Abläufe besaßen, keineswegs jedoch einen totalen, gottähnlichen Überblick.

V. In der Schlacht: Kalkül und Krise

Am Morgen des 18. Juni versammelten sich auf dem Schlachtfeld rund 150 000 Soldaten, viele von ihnen noch steif vor Kälte, unrasiert und mit schlammbedeckter Uniform. Manche Männer, wie etwa die Soldaten des 30. britischen Infanterieregiments, hatten bereits seit drei Tagen keine warme Mahlzeit mehr erhalten. Die Infanteristen reinigten und kontrollierten ihre Waffen, während bereits vereinzelte Schüsse von Scharmützeln der Vorposten kündeten. Alles brennbare Material des Areals, von Bäumen und Zäunen bis zu Türen oder ganzen Schuppen, war bereits in den Flammen der zahllosen Biwakfeuer aufgegangen. Angesichts der dem Wetter und der zeitraubenden Aufstellung der französischen Armee geschuldeten Verzögerung begannen die eigentlichen Kampfhandlungen erst gegen 11.30 Uhr. Französisches Kanonenfeuer auf Hougoumont eröffnete die Schlacht, um einen von Napoleons jüngstem Bruder, Jérôme Bonaparte, geführten Angriff der 6. Division vorzubereiten. Jérôme, König von Westfalen, stand in ständigem Konflikt mit seinem Bruder Napoleon und hatte vor allem während des verheerenden Russlandfeldzugs von 1812 militärisch keine gute Figur gemacht. Jérôme hatte also allen Grund, sich und seinem Bruder an diesem Tag etwas zu beweisen. Wellington suchte die frontale Konfrontation über das Zentrum, und genau das war auch der Plan Napoleons. Doch um einen massierten Schlag in das Zentrum der britischen Linien führen zu können, musste dieses auf irgendeine Weise zuvor geschwächt werden. Die eine Möglichkeit dies zu tun, war massiver Beschuss durch die *grande batterie*, was sich aber an diesem Tag

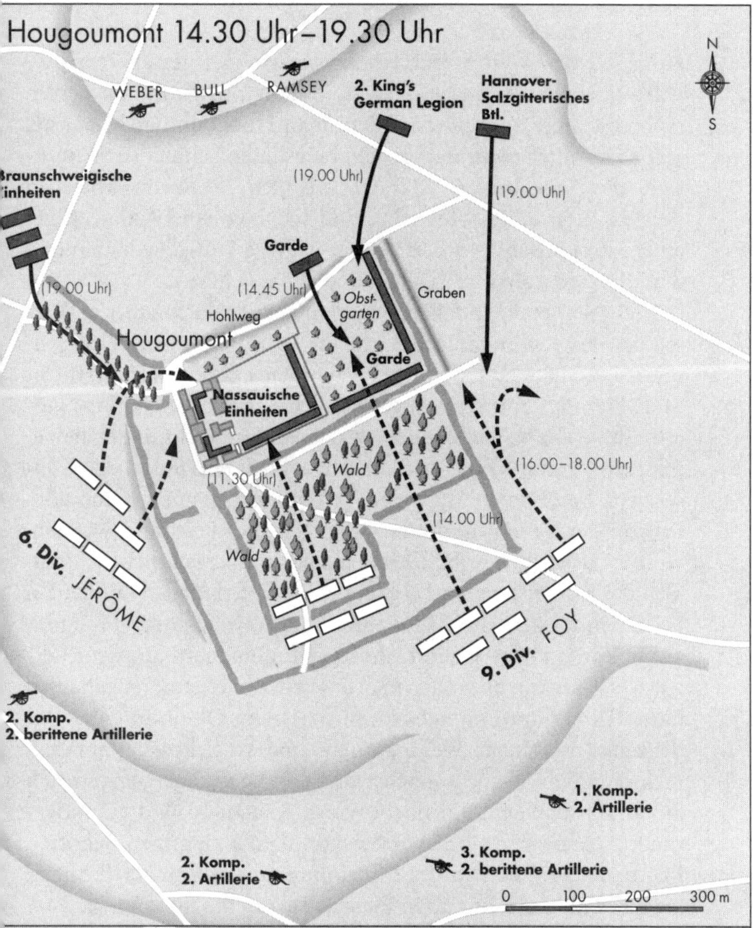
Hougoumont 14.30 Uhr–19.30 Uhr
N
S
WEBER
BULL
RAMSEY
2. King's German Legion
Hannover-Salzgitterisches Btl.
Braunschweigische Einheiten
(19.00 Uhr)
(19.00 Uhr)
Garde
(19.00 Uhr)
(14.45 Uhr)
Obstgarten
Graben
Hohlweg
Hougoumont
Garde
Nassauische Einheiten
Wald
(16.00–18.00 Uhr)
(11.30 Uhr)
(14.00 Uhr)
Wald
6. Div. JÉRÔME
9. Div. FOY
2. Komp.
2. berittene Artillerie
1. Komp.
2. Artillerie
3. Komp.
2. berittene Artillerie
2. Komp.
2. Artillerie
0 100 200 300 m
Französische Angriffe
Kleiner Obstgarten
Hohlweg
Graben
Nordtor
Schloss und Hof
Küchengarten
Garten
Großer Obstgarten
Gartenmauer
Todeszone
Heuhaufen
Südtor
Wald
50 100 150 m

aufgrund von Wetter und Terrain schwieriger gestaltete als erwartet. Eine andere Option war, Wellingtons Kräfte an dessen rechter Flanke zu binden, indem man Hougoumont belagerte. Jérômes Auftrag war daher, dem befestigten Schloss so zuzusetzen, dass Wellington Männer aus dem Zentrum abziehen musste, dies damit schwächte und so Napoleons Chancen bei einem Frontalschlag erhöhte. Sein Auftrag lautete jedoch nicht, diesen befestigten Ort in jedem Fall einzunehmen.

Zu besonderer Prominenz innerhalb des Schlachtfeldes gelangten damit zwei umkämpfte Orte, die Gehöfte Château Hougoumont und La Haye Sainte. Sie wurden extrem hart bestürmt und verteidigt und können daher als Brennpunkte für eine Nahaufnahme der Schlachtengewalt dienen. Eingeschränkter Bewegungsspielraum führte dort zu sehr erbitterten und in der Konsequenz besonders grausamen Verteidigungskämpfen, die vom Prinzip der «Territorialität» (John Keegan) bestimmt wurden. Anders als in der unbestimmten und unübersichtlichen Situation des Vorrückens im Feld gab es an diesen Stellen auf beiden Seiten ein klares Ziel: Einnahme und Verteidigung. Hougoumont war ein altes Gehöft, dessen Grundmauern aus dem Jahr 1358 stammten und das ursprünglich Au Goumont geheißen hatte. Es lag am Ende des Hohlweges von Ohain in einer Bodensenke und diente Wellington als eine Art Eckpfeiler auf dem rechten Flügel. Seine zunächst nur 600 Verteidiger setzten sich aus Braunschweigern, Lüneburgern, Nassauern und Hannoveranern zusammen und wurden von dem 34jährigen Schotten Lieutenant-Colonel James Macdonnnel befehligt. Nach Süden lag ein Waldstück mit alten Eichen, davor eine freie Wiese.

Für die angreifenden Franzosen waren dies keine leichten Bedingungen. Auf der freien Fläche waren sie dem Artilleriefeuer schutzlos ausgesetzt, und im Wald hatten sich die gegnerischen Plänkler verschanzt. Das Waldstück stieg nach Hougoumont hin leicht an, so dass es für die Verteidiger einen deutlichen Vorteil bot. General Foy nannte Hougoumont daher auch eine «Todesfalle». Jérôme war jedoch entschlossen, den Ort unter jeder Bedingung zu nehmen, und trat mit allen ihm verbliebenen 7000 Mann in Aktion. Mit Verstärkung durch Reille kämpften schließlich 9000 Franzosen an dieser Stelle gegen rund 1200 Verteidiger aus *Cold Stream Guards* und Hannoveranern. Nach Süden in Richtung der Angreifer befanden sich das Gärtnerhaus, ein Lagerraum und ein großes verbarrikadiertes Tor. Die knapp 30 Meter vor dem Waldstück erwiesen sich zu dem Zeitpunkt, als die Franzosen den Wald allmählich genommen hatten, als eine wahre Todeszone. Auf diesem engen Raum lagen die Körper toter französischer Soldaten übereinander, die von den nachstürmenden Männern überwunden werden mussten, während diese sich gleichzeitig einem Kugelhagel aus den Mauern ausgesetzt sahen.

Im Laufe des Tages führte Jérôme Bonaparte mehrere erfolglose Angriffe auf Hougoumont – Aktionen, die in der Konsequenz genau das Gegenteil von dem erreichten, was Napoleons Taktik bezweckte. Anstatt Wellington dazu zu bringen, Teile seiner Reserve einzusetzen und so Napoleons Angriff im Zentrum einen Vorteil zu verschaffen, führten die Attacken auf Hougoumont zu einer Schwächung des II. Korps, darunter vor allem der 6. und der 9. Infanteriedivision. Die Kämpfe um Hougoumont gestalteten sich als besonders blutig, da dort viele Männer auf engstem Raum zusammentrafen und die Anlage viele Möglichkeiten zur Deckung bot. Während die Franzosen zu Beginn das angrenzende Wäldchen und den Obstgarten nahmen, kam es mittags gegen 12.15 Uhr zu einem britischen Gegenangriff, der sie wieder aus dem Garten vertrieb. Nur eine Viertelstunde später wendete sich die Situation erneut, als ein Angriff frischer französischer Truppen es 30 Mann ermöglichte, durch das nördliche Tor einzudringen. Das war der Moment der Krise von Hougoumont: In diesem Augenblick konnte sich der Verlauf der Ereignisse entscheidend zugunsten einer Seite verändern. Doch den Briten gelang es, hinter ihnen das Tor wieder zu schließen, und alle Franzosen mit Ausnahme eines Trommlerjungen wurden getötet.

Gegen 13.15 Uhr starteten die Briten einen Gegenangriff, der die Franzosen vor dem Tor weiter zurückdrängte und die Lage soweit stabilisierte, dass die Besatzung von Hougoumont mit weiterem Nachschub versorgt werden konnte. John Keegan hat die Kämpfe um Hougoumont als eine «Schlacht in der Schlacht» bezeichnet, eine Formulierung, die einerseits die Dynamik des lokalen Kampfes zum Ausdruck bringt, der wie die Schlacht insgesamt vom Ziel der Einnahme oder Behauptung eines Ortes bestimmt war. Andererseits macht sie deutlich, dass jede einzelne Kampfhandlung von den teilnehmenden Soldaten auch nur als räumlich begrenzter Konflikt wahrgenommen werden konnte. Die Kämpfe um das Château banden die Kräfte in einem höheren Maß als im gesamtstrategischen Kontext geplant. Gerade dadurch war Hougoumont jedoch nicht vollständig entkoppelt vom Rest der Schlacht, sondern wirkte durch diese besondere Konzentration der Kräfte auf deren Gesamtverlauf ein.

Ab 13.00 Uhr begann das Feuer der großen Batterie der Franzosen, bestehend aus achtzig Geschützen, darunter zweiundvierzig Sechspfünder, achtzehn Zwölfpfünder und zwanzig Haubitzen. Die Geschütze wurden auf einer Breite von rund einem Kilometer direkt vor dem Zentrum der französischen Truppen installiert. Die vordersten Reihen der Briten waren nun etwa 600 bis 800 Meter entfernt, doch trennten beide Armeen zwei leichte Höhenzüge, entlang derer sie aufgestellt waren, derjenige auf französischer Seite leicht niedriger als der auf britisch-alliierter Seite. De facto kam es aufgrund der britischen Aufstellung aber in erster Linie zu einer Konfrontation zwischen Artillerie und Artillerie, was insgesamt an dieser Stelle zu geringeren Verlusten führte, waren die Geschütze doch wesentlich schwieriger zu treffen als kompakt stehende Infanterieeinheiten. Nach Berechnungen von Mark Adkin feuerte die große Batterie in der halben Stunde vor dem Angriff der französischen Infanterie rund 4000 Schuss auf den Gegner ab, deren Effekte insgesamt jedoch begrenzt blieben.

Die Schlacht war damit nicht nur optisch ein eindrückliches Ereignis, sondern auch akustisch. Kanonendonner und Kirchengeläut zählten im vorindustriellen Europa zu den lautesten von Menschen erzeugten Klängen. Als der französische Schriftsteller und Royalist François-René de Chateaubriand gegen Mittag des 18. Juni einen Spaziergang unweit von Brüssel unternahm, konnte er noch den Kanonendonner der rund fünfzig Kilometer entfernten Kämpfe vernehmen. Auch Grouchy und seine Männer vernahmen bei einem späten Frühstück Kampfgeräusche aus Richtung Westen, doch Grouchy hielt dies für Nachhutgeplänkel, ähnlich der Verfolgung nach Quatre-Bras. General Gérard empfahl ihm, sich nun in Richtung des Lärms zu bewegen, doch Grouchy hielt an der Ordre, in Richtung Wavre zu marschieren, unbeirrt fest. Sowohl Napoleon als auch Wellington blickten aufmerksam durch ihre Fernrohre in Richtung Osten, Wellington in Erwartung Blüchers und seiner Truppen, Napoleon seinerseits in Erwartung von Grouchys 33 000 Mann. In rund neun Kilometern Entfernung kamen gegen Mittag allmählich Truppen in Sicht – und Napoleon wird schon bald realisiert haben, dass es sich nicht um Grouchy handelte. Doch für seinen Siegesoptimismus war das offenbar nur ein geringer Dämpfer, gegenüber Soult korrigierte er nun seine Erfolgschancen auf immer noch großzügige sechzig Prozent.

Der zweite berühmte umkämpfte Ort war der Meierhof La Haye Sainte, gelegen an der Straße von Quatre-Bras nach Brüssel. Er bestand aus einem ummauerten Areal mit mehreren Ställen, einem geräumigen Wohnhaus sowie einem Küchengarten im Norden und einem Obstgarten nach Süden. Aus dem Gehöft von La Haye Sainte führten verschiedene Tore ins Freie. Während der Nacht hatten die Soldaten jedoch auf der Suche nach Feuerholz bereits das Tor der Scheune verfeuert, so dass an diesem Punkt für die Verteidiger eine besonders schwierige Situation entstand. Der hannoversche Obrist Georg Baring, der mit seinen rund 400 Männern der *King's German Legion* den Hof besetzt hielt, schildert den Angriff der Franzosen: «Der erste feindliche Schuß zerschlug mir den Zügel des Pferdes dicht vor der Hand, und ein zweiter tötete den bei mir haltenden Major Bösewiel.» Der Kampf um die Meierei von La Haye Sainte wogte nun hin und her, und die ersten Verluste waren hoch. Baring berichtet, dass er in diesem Angriff «sehr bedeutend an Leuten, so wie 3 todte und 6 verwundete verloren» habe. Bereits eine halbe Stunde später erfolgte der nächste Angriff. Der Verlust des Tores rächte sich nun: «Der härteste Kampf war da, wo die erwähnte Scheuerthür fehlte, und wo sie einzudringen fest entschlossen schienen. Auf diesem Flecke lagen in jenem Augenblicke bereits gegen 17 Feinde todt über einander, und schützten noch mit ihren Leichen die neu aufdringenden Freunde.» Auch dieser Angriff konnte zurückgeschlagen werden, doch realisierten Baring und seine Männer, dass ihre Munition zur Neige ging. Nach einer weiteren Stunde formierte sich ein weiterer Angriff. Die Hannoveraner erhielten nun fortlaufend Unterstützung durch weitere Männer, unter anderen durch die Schützenkompanie des 5. Linienbataillons und 200 Nassauer, doch der angeforderte Nachschub an Munition blieb aus. Während der Kämpfe um das Scheunentor ging die französische Seite dazu über, Feuer in das Innere zu werfen, um die Meierei niederzubrennen. Angesichts mangelnder Löschgeräte mussten die Feldkessel der Nassauer, kleine am Mann geführte Eisentöpfe, zur Bekämpfung des Feuers herhalten. Der Brand wurde gelöscht und nach anderthalb Stunden Gefecht zogen sich die Franzosen erneut zurück. Jeder von Barings Männern verfügte jetzt noch über etwa drei bis vier Patronen, eine Situation, die vor allem insofern schwer zu beheben war, als es sich um Büchsen handelte, die ein anderes Kaliber als die Standardmunition der Infanterie hatten. Dem nächsten Angriff, der bis aufs Bajonett geführt wurde, konnten Baring und seine Männer nicht mehr standhalten, und sie zogen sich in den hinteren Garten zurück. Das Gehöft konnte nun nicht mehr gehalten werden, die Hannoveraner begaben sich in einen Hohlweg hinter der Meierei, wo sich die Kämpfe fortsetzten. «Nichts schien dem Morden ein Ende machen zu können, als gäntzliche Vernichtung des einen oder andern Theiles» kommentierte Baring. Doch die Tatsache, dass sie bis zu diesem Punkt überhaupt standgehalten hatten, ist bis heute Grundlage des Mythos von La Haye Sainte. Brendan Simms hat dem Ereignis eine eingehende Darstellung gewidmet und die Motivation der 400 verteidigenden Soldaten als eine Mischung aus «ideologischer Opposition zu Napoleons Tyrannei, dynastischer Loyalität zum König von England, deutschem Patriotismus, Kameradschaft im Regiment, persönlichen Freundschaften und Berufsethos» beschrieben. Die Einnahme von La Haye Sainte stellte einen der

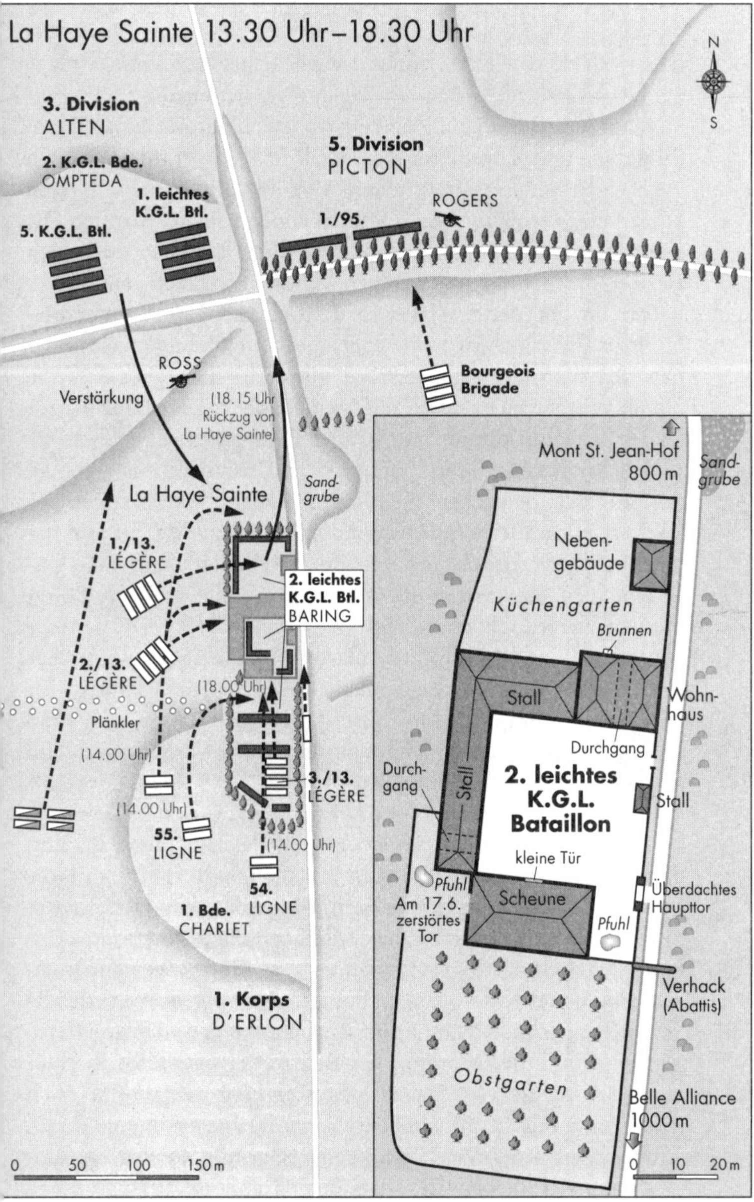
La Haye Sainte 13.30 Uhr–18.30 Uhr
N
S
3. Division
ALTEN
2. K.G.L. Bde.
OMPTEDA
1. leichtes
K.G.L. Btl.
5. K.G.L. Btl.
5. Division
PICTON
ROGERS
1./95.
ROSS
Verstärkung
(18.15 Uhr
Rückzug von
La Haye Sainte)
Bourgeois
Brigade
Sand-
grube
La Haye Sainte
1./13.
LÉGÈRE
2. leichtes
K.G.L. Btl.
BARING
2./13.
LÉGÈRE
(18.00 Uhr)
Plänkler
(14.00 Uhr)
(14.00 Uhr)
3./13.
LÉGÈRE
(14.00 Uhr)
55.
LIGNE
54.
LIGNE
1. Bde.
CHARLET
1. Korps
D'ERLON
0
50
100
150 m
Mont St. Jean-Hof
800 m
Sand-
grube
Neben-
gebäude
Küchengarten
Brunnen
Stall
Wohn-
haus
Durchgang
Durch-
gang
Stall
2. leichtes
K.G.L.
Bataillon
Stall
kleine Tür
Pfuhl
Scheune
Am 17.6.
zerstörtes
Tor
Überdachtes
Haupttor
Pfuhl
Verhack
(Abattis)
Obstgarten
Belle Alliance
1000 m
0
10
20 m

wichtigsten Erfolge der französischen Armee dar. Von La Haye Sainte aus eröffnete sich ein Zugang zur Kreuzung von Mont St. Jean und damit zum Zentrum von Wellingtons Aufstellung. Einnahme und Verteidigung des Gehöfts besaßen für alle Seiten auch einen hohen symbolischen Wert: für die Franzosen, nach langen und verlustreichen Kämpfen endlich einen zentralen Ort eingenommen zu haben, für die Verteidiger der *King's German Legion*, die Stellung mit wenigen Männern so lange gehalten zu haben. In der deutsch-britisch dominierten Geschichtsschreibung zu Waterloo wird allerdings die Verteidigung meist höher bewertet als die Einnahme. Vor allem die Tatsache, dass die Hannoveraner nicht bis zum letzten Mann, sondern nur bis zur letzten Kugel gekämpft haben, und Baring sich schließlich zurückzog, wird für Simms als mögliche Grundlage einer «anderen Tradition deutscher [!] Militärgeschichte» interpretiert. Die Legion verlor allerdings zwischen 350 und 400 Mann und damit rund die Hälfte der dort eingesetzten Soldaten. Was die Verluste angeht, übertrafen die der Franzosen die der *King's German Legion* jedoch bei weitem.

Gegen 13.30 Uhr erfolgte jene Attacke, die aus französischer Sicht bereits den entscheidenden Schlag bedeuten sollte. Vier Divisionen Infanterie von d'Erlons I. Korps – zusammen rund 17 600 Mann – sollten Wellingtons Zentrum erschüttern. Im Erfolgsfall unterstützt durch Kavallerie, das VI. Korps sowie die kaiserliche Garde hätte dies das Ende der britischen Defensivkraft bedeuten können. Anders als üblich marschierte man an diesem Tag in Linien- und nicht in Kolonnenformation, da die Generäle es für zu riskant hielten, die Linie erst in Reichweite des britischen Feuers zu formieren. Doch die Formation in Kolonne hatte psychologisch einen entscheidenden Vorteil: Denn während in der Kolonne neun Reihen tief marschiert wurde, die Soldaten also viele Männer im Rücken wussten, die sie vorantrieben, stand die Linie nur drei Reihen tief. Brach sie an einer Stelle angesichts von Feuer oder Kavallerie ein, konnte sich rasch Panik oder Konfusion entwickeln.

Unter dem Ruf «Vive l'Empereur» schritten die vier Divisionen unter dem Schlag des «pas de charge», des französischen

Marschrhythmus, in etwas mehr als einem Kilometer Breite durch das hohe und nasse Gras vorbei an der *Großen Batterie*. Mit 66 Schritt pro Minute, wie es das Reglement vorschrieb, in Einklang mit dem monotonen Trommelschlag der Trommlerjungen, durchquerten sie die Tiefebene innerhalb von zwanzig Minuten. Von einem besonders hohen Tempo oder gar einem Überraschungsangriff konnte keine Rede sein. Von Seiten der Briten sah sich der französische Vormarsch sowohl Artilleriefeuer als auch heftigem Musketenfeuer ausgesetzt, wodurch der Vorstoß verlangsamt, aber nicht aufgehalten wurde. Gerade einmal 29 Geschütze konnten auf der ganzen Linie aufgeboten werden, wesentlich weniger, als die reguläre Stärke vorsah.

Um 14.15 Uhr erreichte die vorrückende französische Infanterie allmählich die Hecken am Scheitelpunkt des britischen Höhenzugs. Schon brachen offenbar einige der belgisch-niederländischen Verbände ein. Vier von fünf Bataillonen aus der Brigade des Grafen von Bijlandt lösten sich in ungeordneter Flucht auf, ein Verhalten, das in der Literatur zum Mythos ihres Versagens und entsprechenden Kontroversen geführt hat. So hielt sich lange Zeit die Vorstellung, die ohnehin schon bei Quatre-Bras stark geschwächten Niederländer und Belgier seien die einzige Einheit auf alliierter Seite gewesen, die dem Feuer der französischen *grande batterie* voll ausgesetzt gewesen sei, und deren Einheiten sich daher beim Vormarsch der Infanterie rasch auflösten, woraus man auf eine geringere Standhaftigkeit und damit letztlich mindere Qualität dieser Truppen schließen wollte. Nach heutigem Kenntnisstand waren die Einheiten jedoch schon vor dem Einsetzen des Artilleriefeuers wieder hinter die Kuppe zurückbeordert worden und hielten später dem französischen Infanterieangriff durchaus einige Minuten stand, bis sie zum Rückzug gezwungen waren.

Im Zentrum wurde die 1. französische Division in das Gefecht um La Haye Sainte verwickelt, und es gelang ihr, den Obstgarten zu erobern und die Briten von ihren Nachschublinien zu trennen. Als Reaktion entsandte Wellington ein Bataillon der hannoverschen Infanterie zu Hilfe. Die Hannoveraner gerieten jedoch alsbald in eine schwierige Position zwischen zwei Regimentern schwerer französischer Kavallerie. In diesem Moment sprach vieles für einen französischen Erfolg. Doch die Franzosen waren nicht in der Lage, ihren Vorteil adäquat zu nutzen. Ohne Unterstützung leichter Feldartillerie und nicht geübt im Kampf um befestigte Plätze fiel es den Soldaten d'Erlons offenbar schwer, ihren Vorstoß zu stabilisieren. Die britischen Einheiten schossen Salve auf Salve aus ihren Musketen ohne zu weichen, und als die *Gordon Highlanders* einen Gegenstoß unternahmen, gelang es ihnen sogar, die 3. französische Division zurückzuwerfen. Ein erster für den Gesamtverlauf der Schlacht entscheidender Moment hatte stattgefunden.

Das Blatt schien sich gänzlich zu wenden, als britische Kavallerieeinheiten unter Major-General Lord Edward Somerset überraschend eine Attacke gegen die schwere französische Kavallerie ritten, die gerade die Hannoveraner bei La Haye Sainte bedrohte. Von einer leichten Anhöhe herunterreitend und einen Überraschungseffekt nutzend gewannen die Briten nach einem heftigen, sich rasch in Einzelgefechte auflösenden Treffen die Oberhand und traten die Verfolgung der Franzosen an. Eine weitere britische Kavallerieattacke der *Union Brigade* traf nun die französische Infanterie, die darauf nicht vorbreitet war und schwere Verluste erlitt.

Neben 2000 Mann an Gefangenen verlor die französische Infanterie auch zwei Adler, die zentralen Orientierungspunkte eines Regiments von höchstem symbolischen Wert. Sergeant Charles Ewart berichtet über den erbitterten Kampf um einen der Adler: «Er und ich hatten einen harten Wettstreit um ihn, er versuchte mir einen Hieb in die Leiste zu versetzen, ich parierte ihn jedoch und säbelte ihn mitten durch den Kopf nieder.»

Auch gelang es den britischen Reitern, bis zur großen Artilleriebatterie der Franzosen vorzudringen und dort weiteren Schaden anzurichten. Doch vollzog sich dieser Angriff ohne größere Ordnung, so dass die britischen Reiter bald selbst wieder Opfer französischer Kavallerie wurden. Von der Seite näherten sich Verbände mit Lanzenreitern, denen die Briten mit ihren Säbeln wenig entgegenzusetzen hatten. Die Briten hatten sich in der

Folge unter schweren Verlusten – die *Union Brigade* verlor fast die Hälfte ihrer Männer – zurückzuziehen, während die Franzosen die vollständige Kontrolle über ihre Geschützbatterie zurückerlangten. Bei der Deckung des britischen Rückzugs kam es auch zum Einsatz von Raketen, einer von Wellington ungeliebten Waffe. Die schwer zu kontrollierenden Geschosse stellten sich dann auch als wenig effektiv heraus. Insgesamt 52 Raketen sollen an diesem Tag abgefeuert worden sein. Der britische Kavallerieangriff blieb der einzige Vorstoß bis an die französischen Linien bis zum Ende des Tages. Angesichts von Wellingtons Defensivtaktik bzw. in Umkehrung von Napoleons Plan, die Briten durch einen massierten Angriff im Zentrum zu schlagen, zeigte sich nun, welch fatale Wirkung der Misserfolg von d'Erlons Angriff für den Gesamtverlauf der Ereignisse entfalten sollte.

So schien es bereits gegen Mittag für Napoleon zur Gewissheit zu werden, dass sich die Schlacht zu einem Zweifrontenkampf entwickeln würde. Als die große Batterie um 13.00 Uhr ihr Feuer eröffnete, sah Napoleon – wie schon erwähnt – durch sein Teleskop bereits Truppenbewegungen auf den Hügeln östlich des Schlachtfelds. Höchstwahrscheinlich handelte es sich um das IV. preußische Korps, und Napoleon sandte zwei Divisionen Kavallerie seines VI. Korps zur Feindaufklärung aus. Bereits um 13.15 Uhr bestätigte sich der Verdacht durch einen gefangengenommenen preußischen Husaren, und es galt nun für das gesamte VI. Korps, Blücher zu stoppen, eine fast unmögliche Aufgabe, standen der Einheit doch nur 7433 Infanteriesoldaten zur Verfügung. Gegen 15.30 Uhr traf französische Kavallerie östlich des Bois de Paris auf die Vorhut der preußischen Armee. Eines der ersten Opfer war der Kommandeur der 1. Kavalleriebrigade, Graf Wilhelm von Schwerin. Doch nach diesem Gefecht zog sich die französische Armee zurück.

Im Zentrum der Schlacht kam Ney aufgrund seiner Beobachtungen der Briten zu der Ansicht, es ließen sich Anzeichen eines Rückzugs erkennen. Er entschloss sich zu einer Kavallerieattacke. Zwischen 16.00 und 18.00 Uhr boten die Franzosen nicht weniger als 9000 bis 10 000 Reiter auf, die von 62 Geschützen unterstützt wurden, allerdings ohne Hilfe von Infanterie. Doch auf der anderen Seite warteten keine in Auflösung oder Rückzug begriffenen Briten, sondern feststehende Einheiten von 14 000 Infanteristen, 65 Geschützen und einer potentiellen Kavalleriereserve von 8000 Reitern. Aus Sicht des englischen Soldaten Rees Howell Gronow stellte sich die angreifende Kavallerie wie eine gewaltige Woge dar: «Niemand, der zugegen gewesen ist, wird je den schauerlichen Glanz dieses Angriffs vergessen können. In einiger Entfernung sah man, was wie eine überwältigende, lange, sich bewegende Linie erschien, die, im ständigen Näherkommen, wie eine Sturmwoge des Meeres glitzerte, wenn das Sonnenlicht darauf trifft. Näher kam das berittene Heer, bis es nahe genug war, indes die Erde geradezu zu vibrieren schien unter seinem donnernden Getrappel. Man konnte meinen, daß nichts dem Aufprall dieser schrecklichen, sich bewegenden Masse widerstehen würde.» In der Standeskultur der Kavallerieoffiziere spielte die persönliche Führung einer Attacke eine zentrale Rolle, denn sie war es, die ein Höchstmaß an Ehre versprach. Der Angriff der Kavallerie besaß hohen symbolischen Wert und war ästhetisch eine so eindrucksvolle Erscheinung, dass sich noch die Waterloo-Verfilmung von 1970 ganz auf sie konzentrierte. Praktisch barg sie in diesem Fall aus mindestens drei Gründen jedoch ein enormes Risiko. Erstens hätte, um die nötige Geschwindigkeit und Kohäsion zu entfalten, das Gelände wesentlich planer sein müssen, zum zweiten konnte ein Zusammenstoß mit intakten Infanterieeinheiten schnell zu einem Desaster für die Kavallerie werden – ein Effekt, der sich im Siebenjährigen Krieg 1759 bei Minden in der denkwürdigen Abwehr französischer Kavallerie durch britische Infanterie ergeben hatte – und zum dritten barg schließlich die zahlenmäßige Unterlegenheit einer jeden Kavallerie gegenüber der Infanterie allzu offensichtlich eine Unwägbarkeit. Entlang der ersten Frontlinie standen 13 alliierte Karrees, ein jedes sicherte etwa 100 Meter. Die ersten fünf stellten die Briten, die anderen acht die *King's German Legion*, die Hannoveraner und die Braunschweiger. Die zweite Linie aus neun Karrees setzte sich ganz aus deutschstämmigen Einheiten zusammen. Ein Karree hatte einerseits den Nachteil, zu einem bevorzugten Angriffs- und Beschussziel zu werden, andererseits die taktischen Vorteile der erhöhten Flexibilität der in seinem Inneren agierenden Offiziere, die sich rasch nach vier verschiedenen Seiten orientieren konnten. Zudem konnte die Formation des Karrees das Zusammengehörigkeitsgefühl und die Gruppenkohäsion seiner Männer deutlich befördern.

Als Motivationsverstärker wurden in allen Armeen, besonders aber der britischen, alkoholische Getränke eingesetzt. Meist ist von Gin oder Genever, häufig auch nur von Schnaps die Rede. Ein Verpflegungsoffizier der 3. Division etwa schaffte mit einem kleinen Wagen ein ganzes Fass voll Schnaps in die Mitte eines Karrees, wo es angezapft und gegen Ende der Schlacht ausgegeben wurde. Wertvollster symbolischer Besitz eines jeden Karrees waren seine Fahnen. Ein Regiment besaß zwei für heutige Maßstäbe riesige Fahnen von ca. 1,80 m im Quadrat: den Union Jack und die Regimentsfahne in Blau, Gelb, Grün und Weiß, getragen von den beiden im Rang jüngsten Offizieren des Bataillons. Die Fahnen dienten einerseits als Orientierungspunkte und Motivation, andererseits materialisierte sich in ihnen die Ehre des Regiments. So erklären sich die zahllosen Geschichten, in denen einzelne Soldaten ihr Leben für den Erhalt oder den Gewinn einer Fahne opferten.

Die französischen Reiter griffen an, und keines der britischen Karrees brach ein. Aufwärtsreitend, auf matschigem Terrain und unter britischem Feuer war die ohnehin schwierige Aufgabe, die Pferde zum schnellen Hineinbrechen in die dicht stehenden Karrees zu bewegen, kaum mehr zu lösen. Ein leichter Trab machte sie nicht zu einer gefährlichen Walze, sondern vielmehr zu einer leichten Zielscheibe. Weil die Brustpanzer der französischen Kürassiere auf Distanz doch einen guten Schutz gegenüber dem Musketenfeuer boten, feuerten die britischen Karrees vor allem auf die Pferde, deren Zusammenbrechen nicht nur ihre Reiter verletzte, sondern auch Hindernisse für jede weitere Attacke bildete.

Die für die Kavallerie bedrohlichste Konfrontation war die mit gegnerischer Artillerie oder geschlossenen Infanteriekarrees. Abseits des eigentlichen Schlachtfeldes konnte auch berittene Artillerie zur Gefahr werden, auf dem Schlachtfeld selbst jedoch vor allem die Geschützbatterien, die, einmal aufgestellt, jedoch relativ immobil agierten. Wenn es der Reiterei gelang, sich den Kanonieren bis zum direkten Kontakt zu nähern, waren diese fast schutzlos ausgeliefert. Dennoch ist es auffällig, dass die letzte Konsequenz, die Unschädlichmachung der gegnerischen Geschütze, von Seiten der französischen Kavallerie offenbar unterblieb. Inbesitznahme und Abtransport der erbeuteten Kanonen schied aus Mangel an Zugzeug und Artilleriegespannen aus. Selbst führte man diese nicht mit sich, und die Hilfsmittel des Gegners waren zu Beginn der Kampfhandlungen hinter die gegnerischen Linien verbracht worden. Die naheliegende Maßnahme wäre also ein ‹Vernageln› der Geschütze gewesen. Hierzu trieb man einen Nagel in das Zündloch der Kanonen und machte diese damit unschädlich. Aus schwer zu ermittelnden Gründen stiegen die Kavalleristen jedoch nicht von ihren Pferden ab, und die Geschütze blieben so weiterhin gefechtsbereit.

Ein typisches Gefecht mit hohen Verlusten für die französische Kavallerie schildert der britische Offizier Samuel Rudyard von der königlichen Artillerie. Die britischen Geschütze waren zwanzig bis dreißig Meter vor den Linien der Infanterie aufgestellt und feuerten mit Kartätschen, also Geschossen aus vielen kleinen Eisenkugeln in einer Stahlummantelung, die eine hohe Streuwirkung entfalteten. Die ersten Reihen der Reiter sanken übereinander «wie Karten», die anderen ritten zwischen oder an den Kanonen vorbei. Die Besatzungen der Geschütze suchten Schutz innerhalb des nächsten Infanteriekarrees. Die sich wieder zurückziehenden, überlebenden französischen Reiter wurden nun ein weiteres Mal mit den noch intakten Kanonen beschossen. Nach den Kartätschenladungen folgten schwere Eisenkugeln, die große Lücken in die französische Reiterei rissen, aus Sicht der Kavallerie ein ungleicher Kampf, der hohe Verluste forderte.

6500 französische Infanteristen hätten auf dem linken Flügel zur Verfügung gestanden, wurden aber erst gegen 17.30 Uhr

Abb. 1: Félix Henri Emmanuel Philippoteaux (1815-1884), The Battle of Waterloo: The British Squares Receiving the Charge of the French Cuirassiers (1874), Öl auf Leinwand, Victoria & Albert Museum, London

hinzugezogen, als es bereits zu spät war. Ermattet und dezimiert mussten die Kavallerieverbände der Niederlage ins Auge sehen. Auch in diesem Punkt zeigte sich abermals der Vorteil der Defensivposition der Briten, gepaart mit dem relativ unflexiblen Festhalten der Franzosen an der Idee eines frontalen Durchbruchs. Anschaulich schildert Colonel James Stanhope von den *1st Foot Guards* einen Tag nach der Schlacht in einem Brief an den Herzog von York die Situation: «Als die französische Kavallerie uns in den Karrees angriff (was sie mit einer höchst ausdauernden Tapferkeit tat und sich dabei nie weiter als 100 oder 150 Schritt zurückzog & dann von neuem angriff) verhielten sich unsere Männer als wären sie auf einem Ausflug [‹field day›], nach Mannschaftsreihen feuernd & und mit der bestmöglichen Absicht. Unter einer höchst zerstörerischen Kanonade & als mehrere Granaten in unserer Mitte explodierten, bewegte sich nicht ein Mann von seinem Platz. Unsere Kavallerie vermochte nicht herangeführt zu werden und zuletzt waren wir den vereinten Anstrengungen aller ihrer Waffen ausgesetzt und wechselten von Linie zu Karree, von Karree zu Linie immer so wie es die Umstände der Situation erforderten.» Während die Motivation der Verteidiger stetig stieg, sank die der vergeblich Angreifenden umgekehrt proportional.

Ein Faktor, der die Motivation der Verteidiger gewiss erhöhte, war die ständige Präsenz Wellingtons an dieser Stelle des Gefechts. Er selbst und sein Stab mussten immer wieder im Inneren der Karrees Schutz suchen, wo sie gleichzeitig jedoch auch besonders motivierend und steuernd wirkten. Lord Apsley kommentierte später ähnlich wie viele andere: «Der Sieg verdankte sich allein der persönlichen Courage und Führung des Herzogs. Er stand in den Karrees als die französische Kavallerie angriff, und führte sie an als sich die Kavallerie zurückzog.»

Auch Ney stand in vorderster Linie und führte gegen 16.00 Uhr selbst die erste Kavallerieattacke an. In dieser Position verfügte er jedoch nicht mehr über den Überblick über die Operation und brachte die restliche Zeit der Angriffe damit zu, die durcheinandergeratenen und konfusen Reiterverbände zu ordnen und immer wieder nach vorne zu schicken, eine wahre Sisyphos-Aufgabe, während der unter ihm drei Pferde erschossen wurden, ohne dass ihr Reiter verletzt wurde. Zu den in der Historiographie immer wieder hervorgehobenen schwerwiegenden Kommandofehlern Neys gehörte vor allem der Einsatz des Reservekavalleriekorps unter Kellerman und Guyot zu einem Zeitpunkt, an dem ihm längst die taktische Erfolglosigkeit weiterer Kavallerieattacken hätte bewusst sein sollen. Die Reserven bildeten eine der wichtigsten strategischen Ressourcen einer Schlacht; sie vorschnell in den Kampf zu bringen, stellte ein enormes Risiko dar. Und Napoleons Adjutant Graf Henri Bertrand betonte später, dass der Einsatz der Reserve in keinem Fall mit Napoleon abgesprochen gewesen sei und eine derartige Attacke der Kavallerie nur in dem Falle hätte erfolgen sollen, da die Briten sich bereits in völliger Auflösung befänden. Der Eigensinn Neys war auf den Schlachtfeldern Alteuropas keine Besonderheit. Der persönliche Wille, Ehre zu gewinnen und das Vertrauen in die eigene Einschätzung der Situation überwogen oftmals die Bereitschaft zur Einhaltung der Befehlsketten oder die Berücksichtigung eines übergreifenden strategischen Gesamtkalküls.

Gegen 17.00 Uhr ging Wellington weiter in die Defensive, nachdem er bereits eine Brigade der *King's German Legion* unter Du Platt zur Verstärkung der Verteidigung von Hougoumont entsandt hatte. Er beorderte die Brigade unter Major-General Frederick Adam, sich durch die Karrees der Braunschweiger nach vorne zu bewegen und so eine neue Frontlinie nordöstlich von Hougoumont zu installieren. Die größere Ausdehnung machte eine wechselseitige Unterstützung schwieriger, und die Nähe zur französischen Artillerie erhöhte das Risiko. Doch zu diesem Zeitpunkt waren die Franzosen bereits so konfus, dass Wellington sich nun allmählich seiner Sache sicher glaubte und angeblich zu General Adam sagte: «Bei G--, Adam, ich glaube jetzt werden wir sie schlagen!».

Um 17.30 Uhr erfolgte ein französischer Infanterieangriff durch die Division General Gilbert Bachelus und die Brigade unter Maximilien Foy. Das Aufeinandertreffen französischer Kolonnen und britisch-alliierter Karrees endete in einem Desaster für die Franzosen, die ohne Unterstützung durch Artillerie oder Kavallerie angriffen. Zuerst brach die Division Bachelus zusammen, worauf die Männer Foys alsbald flüchteten. Zwei wichtige französische Infanterieeinheiten waren damit ohne jeglichen taktischen Nutzen aufgerieben worden.

Nach der Einnahme von La Haye Sainte versuchte Ney mit Hilfe berittener Artillerie, Druck gegen die Briten unter General Sir James Kempt aufzubauen. Doch abermals ohne Unterstützung von Infanterie oder Kavallerie fiel die Batterie einem geschlossenen Feuer von Scharfschützen der *1/95 Rifles* zum Opfer. Ein weiterer Vorstoß von französischer Seite erfolgte mit Infanterie, darunter die Brigade Pégots, doch hielten die Briten weiterhin die Stellung. Ney verlangte nun weitere Reserven von Napoleon. Dieser lehnte jedoch ab mit der Begründung, er habe keine Männer mehr. Das stimmte zwar nicht – die mittlere und die alte Garde waren immer noch nicht zum Einsatz gekommen –, doch bewies Napoleon mit dieser Entscheidung letztlich, ob freiwillig oder unfreiwillig, taktischen Überblick. Der Einstieg der Preußen würde noch weitere Reserven erforderlich machen, befand sich die junge Garde doch bereits im Kampf mit der preußischen Vorhut um das Dorf Plancenoit. Auf der rechten Seite von Napoleons Aufstellung befand sich Lobau mit dem VI. Korps, einer Armee von 10 000 Mann, und blockierte mit 28 Geschützen die Linie zwischen dem Bois de Paris und Plancenoit. Gegen 14.30 Uhr hatten die Truppen Stellung bezogen und genossen dabei den Vorteil, auf leicht erhöhtem Terrain zu stehen. Um 16.00 Uhr begann das Feuer der preußischen Kanonen und gegen 16.30 Uhr setzten dann die Kämpfe zwischen den ersten beiden preußischen Brigaden und Lobaus Männern ein. Während zu Beginn des Kampfes die Zahlenverhältnisse noch nahezu ausgeglichen waren, gelang es General Friedrich Wilhelm Graf von Bülow rasch, immer mehr Männer seines 30 000 Soldaten umfassenden IV. Korps in Stellung zu bringen. Vier Infanteriedivisionen, drei Kavalleriedivisionen und 86 Geschütze führten zu einer gewaltigen quantitativen Überlegenheit der Preußen. Bereits nach einer halben Stunde hatten die preußischen Truppen um etwa 17.00 Uhr das zuvor von Lobau gehaltene, leicht höher gelegene Terrain genommen. Ihre Bewegungen vollzogen sich mit hoher Effektivität direkt aus dem Marsch in die Frontlinie der Kämpfenden.

Gegen 18.00 Uhr erreichte der preußische Vorstoß allmählich Plancenoit. Auch dort kam es in der Folge zu einem enorm verlustreich geführten Häuserkampf. Bereits einer ersten Angriffswelle von 6500 Mann gelang es, die Kirche und mit ihr die meisten Gebäude des arg zusammengeschossenen Dorfes einzunehmen. Von nun an vollzog sich der gleichzeitige Kampf zweier unterschiedlicher Armeen gegen die Linien Napoleons, den Wellington und Blücher geplant hatten und den der Kaiser der Franzosen unbedingt hatte verhindern wollen. Noch schien es dafür nicht ganz zu spät, und Napoleon beorderte gegen 18.45 Uhr die junge Garde unter Führung von Graf Guillaume Philibert Duhesme mit 4750 Mann, Plancenoit wieder einzunehmen. Die Einnahme des Ortes gelang. Doch die Preußen waren in der Lage, immer wieder frische Truppen in den Kampf zu führen. So war es dann die 14. preußische Brigade, die gegen 19.00 Uhr in den Kampf eintrat und die innerhalb von zwanzig Minuten die Kontrolle über Plancenoit gewann. Duhesme selbst wurde durch eine Kugel in den Kopf getötet. Napoleon wollte Plancenoit nicht verlieren. Er befahl nun zwei Bataillonen der alten Garde unter Marschall Jean-Jacques Pelet, der fliehenden jungen Garde zu Hilfe zu eilen. Gemeinsam eroberten beide Einheiten mit einem Bajonettangriff das Dorf abermals zurück. Um 19.30 Uhr kontrollierten die Franzosen damit wieder Plancenoit. Die neuerliche Einnahme Plancenoits versetzte Napoleon in die Lage, die verbleibenden Teile der Garde nun gegen Wellington einsetzen zu können. Dieses letzte Aufbäumen der Franzosen ist zu einem der zentralen Erinnerungsorte innerhalb des Gesamtverlaufs der Schlacht geworden. Fünf Bataillone der mittleren Garde marschierten in der ersten Angriffsformation, drei Bataillone der alten Garde in der zweiten und drei weitere Gardebataillone wurden östlich von Hougoumont als Reserven platziert. Unterstützung erhielten die Soldaten von der berittenen Garde-Artillerie. Gegen 19.30 Uhr formierte sich der Angriff der kaiserlichen Garde unter Führung von Ney. Noch konnte sich das Gerücht verbreiten, die Truppen Grouchys befänden sich auf dem Weg und würden in Kürze in der Nähe von Plancenoit eintreffen.

Doch den Preußen gelang es, Plancenoit abermals und nun endgültig einzunehmen. General August Freiherr Hiller von Gaertringen berichtet in seinen *Denkwürdigkeiten* ausführlich über den Kampf: «Die Schlacht war von allen Seiten in der heißesten Periode, der Tag fing an sich zu neigen. [...] Der Feind setzte mehrere Häuser in Plancenoit in Brand und wies alle von verschiedenen Seiten gegen dieses Dorf durch die frischankommenden Truppen unternommenen Versuche zurück, bis ich endlich durch den Obersten von Valentini den Befehl erhielt, nochmals mit aller Macht meinerseits vorzudringen. Ich ordnete nun abermals den Sturm auf den ominösen Kirchhof als Zielpunkt des Angriffs an. [...] Der Angriff gelang diesmal vollständig und auch mit verhältnismäßig nur geringem Verluste. Der Feind war bereits ziemlich mürbe gemacht und wurde auch durch die brennenden Häuser, die übrigens voller Schwerverwundeter und Sterbender waren, selbst belästigt.»

Doch das Schlachtfeld von Waterloo war nicht der einzige Ort des Kampfes an diesem Tag. Bei Wavre kämpfte Grouchy gegen das III. preußische Korps unter General-Lieutenant Johann von Thielmann und unter ihm Stabschef Carl von Clausewitz. Grouchy hatte nachts gegen 4.00 Uhr die Bestätigung des Angriffsbefehls durch Napoleon erhalten. Um 10.30 Uhr morgens begannen die Kämpfe. Schon bald geriet Thielmann unter Druck und bat bei Blücher um Nachschub. Sein Stabschef Gneisenau verweigerte diesen jedoch mit dem Hinweis auf die Priorität der Hauptaktion Wellingtons. Dennoch konnte vermieden werden, dass Thielmanns Truppen durch die Männer Grouchys aufgerieben wurden. Tatsächlich gab es im Laufe des Tages keinerlei Verbindung zwischen beiden Schlachtfeldern, so dass sich Wavre zu einem reinen Nebenschauplatz entwickelte. Schwerwiegender als der nicht bis in die letzte Konsequenz durchgeführte Schlag gegen Thielmann erwies sich jedoch im Nachhinein die Tatsache, dass Grouchy es auch unterließ, Napoleon zu Hilfe zu eilen. Warum sollte er auch? Die Lage war gegen Mittag keineswegs eindeutig, der ihm befohlene Vormarsch auf Wavre hätte gestoppt werden müssen und die Überwindung von zwölf Kilometern Marschstrecke hätte eine ganze Weile beansprucht.

Aufgrund der erfolgten preußischen Unterstützung war Wellington in der Lage, seine Position weiter zu verstärken und zusätzliche Kavallerie auf seinen Flanken zu positionieren. Seine Position bildete im Vergleich zu anderen Schlachten der Zeit eine räumlich sehr verdichtete Linie. Die Verbände standen eng und profitierten zudem von der Anhöhe, gegen die die Franzosen immer wieder anzurennen hatten. Die Garde schritt in Echelonformation, also einer Diagonale, den Höhenkamm hinauf, während sich die britischen Gardisten dahinter auf den Boden gelegt hatten. Scheinbar ins Leere laufend erhoben sich nun jedoch vor den französischen Einheiten auf einmal 1400 Schützen. Wellington, der sich hinter den Männern befand, schrie dem Kommandeur Peregrine Maitland zu: «Jetzt, Maitland!

Das ist dein Zeitpunkt», und die britischen Soldaten eröffneten das Feuer. Die Schlacht näherte sich ihrer Krise.

Als «Krise» einer Schlacht bezeichnet man einerseits das Zusammentreffen der Infanterielinien beider Seiten sowie andererseits den damit häufig verbundenen Wendepunkt, an dem sich Gewinn und Verlust abzeichnen. In diesem Moment traf nun beides zusammen. Einer der Offiziere der Garde-Artillerie, Gustave de Pontécoulant, berichtet später: «Und da sah ich Napoleon zum letzten Mal. Er hatte einige Schritte hinter den beiden Batterien der Garde-Artillerie, zu denen ich gehörte, Aufstellung genommen, feindliche Kartätschen lichteten die Reihen unserer Kanoniere. Er selbst gab mir den Befehl, auf die englischen Karrees zu feuern. [...] Da die gesamte Bedienungsmannschaft von feindlichen Kugeln getötet worden war, richtete ich selbst die Geschütze, der Hauptmann hielt den Wischer. War es nicht der letzte Kanonenschuß an diesem verhängnisvollen Tage, so war es doch einer der letzten. Napoleon blickte finster und war leichenblaß; die schwache Dämmerung gab allen Dingen ein trauriges Aussehen; langsam folgten einander die Salven der Artillerie, wie bei einem Leichenbegängnis, schweigend erklommen die Bataillone der alten Garde die Hänge des Plateaus: alles schien zu diesem düsteren Bild zusammenzustimmen, das würdig war, den Pinsel eines großen Meisters herauszufordern.»

Dawson Kelley, der im 73. Regiment diente, schildert den Moment wie viele seiner Kameraden als relativ abrupten Zusammenbruch des Gegners. Die Franzosen tauchten allmählich «aus dem Nebel und Qualm» auf, «der den ganzen Tag dicht über der Erde hing. Sie rückten vor, wie es bei den Franzosen Brauch war, sehr lärmend und offenkundig sehr widerwillig, wobei die Offiziere einige Schritt vor ihren Leuten hergingen und diese mit lauten Schreien anfeuerten. Unaufhörlich schossen sie völlig planlos, aber wir schossen erst zurück, als sie schon fast auf einer Ebene mit uns waren und eine wohlgezielte Salve so viel Verwirrung unter ihnen anstiftete, daß sie sich kaum davon erholten. Aber erst nach kurzem Musketenschußwechsel machten sie kehrt und flohen.» Auch andere wie Hauptmann Harry Powell von den *1st Guards* registrierten, dass die französischen Grenadiere «plötzlich zum Stillstand» gekommen seien. Wie aber kam es zu einer so eindeutigen Durchsetzung des britischen Gewehrfeuers? Das naheliegende Argument ist zunächst das der unterschiedlichen Formationen geschuldeten Feuerüberlegenheit. Immerhin gingen rund 2000 Kugeln pro Minute auf die vorrückenden Franzosen nieder, die sich etwas langsamer aus der Kolonnenformation herauslösten und nicht zu der gleichen Ballung von Feuerkraft kamen. Wichtiger noch aber ist der Befund, dass sich die französischen Linien nicht vorne, am Gegner, sondern zuerst hinten aufzulösen begannen. Hier scheint es zu einem massenpsychologischen Effekt gekommen zu sein, so die Deutung John Keegans, indem gerade die hinteren Reihen wenig vom Geschehen der vorderen mitbekamen, die vorderen ihrerseits rein räumlich nicht fliehen konnten und die Gruppenkohäsion plötzlich einbrach. Denn die Offiziere orientierten sich nach vorn und nicht rückwärts, merkten also nicht, was passierte. Eine Massenpanik war die Konsequenz. Diese erreichte schließlich auch die vorderen Reihen, die sich nun ihrerseits immer weniger von nachrückenden Truppen gestützt sahen und ebenfalls in Panik gerieten.

Inzwischen gelangten immer mehr preußische Soldaten auf das Schlachtfeld. Bülows Einheiten wurden unterstützt von General Georg Pirch und dem II. Korps, das gegen 18.30 Uhr auf dem Schlachtfeld erschien. Gegen 20.00 Uhr eroberten frische preußische Truppen dann Plancenoit in einem blutigen Häuserkampf, in dessen Verlauf auch auf Verwundete keine Rücksicht mehr genommen wurde. Die Niederlage der französischen Seite war nun besiegelt. Nach hin und her wogenden Kämpfen löste sich die französische Position langsam auf. Die mittlere Garde begann sich zurückzuziehen: «La Garde recule» – «Die Garde zieht sich zurück», «Sauve qui peut» – «Rette sich, wer kann»-Rufe erklangen. Spätestens jetzt war auch klar, dass die sich von rechts nähernden und feuernden Truppen nicht die Männer Grouchys waren, sondern Preußen. Die Moral brach zusammen. Die Hoffnung in den Entsatz war zerstört, der Kampfeswille der Garde offenbar gebrochen. Neys Adjutant, Eskadronschef Octave Levavasseur, erinnert sich: «Offiziere und

Soldaten laufen durcheinander, vermengen sich mit den Nichtkämpfern. Entsetzt komme ich zum Marschall, der mir aufträgt, den Grund für diese Panik herauszufinden. Ich komme zum General, der mir sagt: ‚Sehen Sie da – die Preußen!' Ich kehre um, den Marschall zu suchen, finde ihn aber nicht wieder. Unsere Armee war jetzt nur noch eine Masse aller ineinandergemengten Regimenter.»

Der Angriff der mittleren Garde auf Wellingtons Truppen war zurückgeschlagen worden, die Truppen Lobaus auf der rechten Flanke gaben auf, und die Reste der Garden befanden sich auf einem mehr oder minder geordneten Rückzug. Napoleon hatte alle seine Reserven verbraucht, und seine rechte Flanke war zusammengebrochen. Die englische Infanterie bewies die höhere Feuergeschwindigkeit und die Garde wich zurück. Wellingtons darauf einsetzender Generalangriff mit 40 000 Mann besiegelte die Situation, und die französische Armee floh panisch vom Schlachtfeld.

Der Moment, in dem die alte Garde zusammenbrach, ist zu einem besonderen Erinnerungstopos innerhalb der Schlacht geworden, der sich vor allem dem Pierre Jacques Étienne Cambronne (1770–1842), dem Anführer des letzten Karrees, zugeschriebenen Satz verdankt: «La Garde meurt, mais ne se rend pas!» («Die Garde stirbt, aber sie ergibt sich nicht»). Eine andere Variante des legendären Ausspruchs lautet wesentlich simpler: «Merde!». Beide Aussprüche haben eine ungeheure erinnerungskulturelle Dynamik entfaltet, für deren Wirkmächtigkeit es keine Rolle spielte, dass Cambronne sich Oberst Hew Halkett, Kommandant der 3. Hannoverschen Brigade, bereits ergeben hatte, bevor er und seine Männer den Heldentod hätten finden können. Cambronne stellte sich später auf die Seite Ludwigs XVIII., und den eigentlichen Ursprung der Pathosformel von der standhaften Garde stellt die Verteidigung Verduns im Jahr 1792 dar. Doch die Formel war viel zu wichtig für die Inszenierung einer «Kultur der Niederlage» (Wolfgang Schivelbusch), in der die Tapferkeit den Verlust der Schlacht in einen moralischen Sieg verwandelte. An diesem Mythos wurde mit allen verfügbaren Medien gearbeitet. Hippolyte Bellangé schuf

1865 ein Bild des Moments, in dem durch ihre weißen Schnurrbärte als Veteranen erkennbare Gardisten sich um den Adler scharen, um diesen bis zum letzten Mann zu verteidigen. Viktor Hugo hat in *Les Misérables* die Deutung des moralischen Sieges, verkörpert durch Cambronne, auf den Punkt gebracht: «Der Mann, der die Schlacht bei Waterloo gewann, ist Cambronne. Mit einem solchen Wort den Blitz schleudern, der einen tötet, heißt siegen.» Teil der Legendenbildung vom standhaften Heldenmut der kaiserlichen Garde ist beispielsweise die Behauptung, dass während des Rückzugs kein einziger Regimentsadler verloren worden sei. Die Emotionen, die mit der Niederlage der alten Garde verbunden waren, werden verständlich, wenn man ihren Fall mit Keegan als Symptom für das Ende der mit der Revolution einsetzenden Wandlungsprozesse liest: «Die Metamorphose der Garde in eine demoralisierte Masse, das Splittern ihrer Solidarität, das Erlöschen ihres Kampfgeistes, das Umspringen ihrer Motivation in eine Haltung des Rette-sich-wer-kann ließ mindestens so deutlich wie irgendein anderes Zeichen erkennen, daß die Macht wieder in die Hände der früheren Herren zurückfiel.» Demgegenüber steht jedoch nicht nur das Standesethos des Ancien Régime – gerade in den britischen Reihen herrschte ja ein äußerst unpersönliches Verhältnis von Offizieren und Gemeinen, die durch einen kaum zu überwindenden sozialen Graben getrennt waren. Was dort entscheidend war, hat der Herzog von Wellington vielmehr in dem Diktum zum Ausdruck gebracht, dass Waterloo auf den «Spielwiesen von Eton gewonnen» worden sei. Und damit meinte er nicht die Präsenz von Eliteschülern auf dem Schlachtfeld, sondern eine Art Wettkampfgeist des englischen Gentlemans, der tief verwurzelt war in einer spezifischen Kultur der Ehre. Gerade in einer Schlacht als der permanenten Herausforderung der Bereitschaft zum Weitermachen war es offenbar der Imperativ, das «Spiel» – egal welches – um jeden Preis gewinnen zu wollen, welcher den Ausschlag in Fragen der Motivation gab.

Zwischen 20.00 und 20.30 Uhr begannen die Briten mit einem generellen Vormarsch. Als einziger noch aktiver Signaltrompeter blies der 18-jährige Heinrich Engelhard Steinweg

Abb. 2: Hippolyte Bellangé, Vielle Garde à Waterloo. 18 Juin 1815 (1869), kolorierte Lithographie, Prints, Drawings, and Watercolors from the Anne S.K. Brown Military Collection

(1797–1871) aus dem Freikorps des Herzogs von Braunschweig zum Angriff. In New York gründete dieser Steinweg 1853 mit seinen Söhnen übrigens das renommierte Klavierbauunternehmen Steinway & Sons. Die Hannoveraner Brigade unter Hew

Halkett und die leichte Kavallerie unter Hussey Vivian machten sich an die Verfolgung der Garde. Viele der französischen Einheiten begannen sich aufzulösen, die Männer einzeln zu fliehen. Wollte Wellington den Sieg komplettieren, mussten die französischen Truppen vollständig aufgerieben werden, ein Rückzug zu vieler Einheiten barg das Risiko einer späteren Neuformation oder doch noch der Vereinigung mit den Truppen Grouchys. Ein Vorstoß war auch psychologisch von großer Bedeutung. Die Einnahme der französischen Stellungen symbolisierte schließlich als Kontrolle der Walstatt den eindeutigen Sieg in der Schlacht. Napoleon trat in diesem Moment die Flucht Richtung Paris an. Die *Chasseurs à Cheval* eskortierten ihn zurück nach Le Caillou, und gegen 2.00 Uhr morgens überquerte Napoleon die Sambre bei Charleroi.

Gegen 21.00 Uhr trafen Blücher und Wellington bei dem Gut *La Belle-Alliance* zusammen, das eigentlich einen passenden Namen für die Schlacht geliefert hätte. Ursprünglich verdankte sich der Name des 1765 erbauten Gehöfts allerdings dem Spott über die dritte Ehe des betagten Besitzers mit seiner jungen Magd namens Marie Tordem. Blücher soll Wellington, ihn aus dem Sattel umarmend, angeblich mit den Worten begrüßt haben: «Mein lieber Kamerad, quelle affaire!».

Der historische Moment des Zusammentreffens der beiden Feldherren wurde von drei unterschiedlichen Klängen gerahmt. Während die Briten die Preußen mit «Hip, Hip, Hurrah» begrüßten, blies das preußische Trompeterkorps «God save the King». Die preußische Infanterie unter Bülow wiederum stimmte das «Te deum laudamus» an. Im Unterschied zu den Schlachten des Mittelalters und der Frühen Neuzeit berichten die Quellen zu Waterloo allerdings kaum von religiösen Praktiken der Ermunterung oder des Trostes. Die traditionelle religiöse Rahmung einer Schlacht durch Gebete am Anfang und ein kollektives Te Deum am Ende fand offenbar nicht oder nur in kleinem Kreis statt. Angesichts des säkularen Selbstverständnisses der französischen Revolutionäre wenig verwunderlich, aber auch auf britischer Seite ist wenig über die Tätigkeit von Feldgeistlichen überliefert.

VI. Aftermath: Nach der Schlacht

Mit dem Einbruch der Dunkelheit endete das Feuer auf dem Schlachtfeld allmählich. Auch wenn die meisten Soldaten fast taube Ohren von den stundenlangen Kanonaden und dem allgegenwärtigen Gewehrfeuer gehabt haben müssen, trat nun keine völlige Stille ein. Der Klang der Waffen wich vielmehr dem Stöhnen und Schreien der Sterbenden und Verwundeten, die überall auf dem Schlachtfeld lagen. Fast 40 000 Mann und 10 000 Pferde fanden sich verteilt auf gut zweieinhalb Quadratkilometern. Die Situation nach der Schlacht, im Englischen als «Aftermath» bezeichnet, bot zwei Szenarien: zum einen ein Panorama der Zerstörung, der Versorgung der Toten und Verwundeten und des Rückzugs, zum anderen den Beginn der bis heute anhaltenden Debatten über Grund und Verantwortung der Niederlage ebenso wie des Sieges.

Nach den Schlachten des Ancien Régime war es im Grunde nicht üblich, den Gegner noch zu verfolgen. Einerseits hinderten daran schon rein praktisch die hereinbrechende Nacht und logistische Risiken, andererseits ein soldatisches Ehr- und Kampfverständnis, das nicht auf die völlige physische Vernichtung des Feindes abzielte. Vor diesem Hintergrund erscheint das Verhalten der Preußen eher ungewöhnlich, wenn etwa Colonel Stanhope berichtet: «Die Preußen verfolgten die ganze Nacht und gaben kein Pardon und nahmen den größten Teil der Artillerie, der zuvor noch nicht in unsere Hände gefallen war.» Der preußische General Ludwig von Reiche notiert in seinen Memoiren über die Verfolgung, diese sei «gewiß einzig in ihrer Art und bis dahin wol nicht vorgekommen». So töteten die Preußen schonungslos alle in ihrer Reichweite befindlichen Franzosen oder setzten ihnen nach. Major Edward Cotton berichtet: «Dass die Franzosen auf ihrer Flucht von Waterloo unnötigerweise über viele Stunden hinweg von den aufgebrachten Preußen hingeschlachtet wurden, ist eine Tatsache, die ich leichter erklären als rechtfertigen kann.» Erklären lässt sich diese ungewöhnliche Härte in diesem Sinn als eine Art Rache für die als Schmach empfundene Niederlage von Jena und Auerstedt im Jahr 1806. General Reiche scheint dies zu bestätigen, wenn er schreibt: «So war der Tag am 18. doch für jeden Preußen, besonders für den, der den unglücklichen October 1806 mit erlebt hatte, ein Tag der Wonne und der Freude. Die neun Jahre zuvor erlittene Schmach war, wie es sich gebührte, durch Blut abgewaschen.» Am Abend sangen die preußischen Truppen das lutherische Kirchenlied «Eine feste Burg ist unser Gott», das sich mit den Befreiungskriegen über den religiösen Kontext hinaus national aufgeladen hatte.

Auch die Sieger litten unter den Folgen der Zerstörung. Captain John Kincaid schrieb später in seinen Erinnerungen: «Die gewöhnliche Begrüßung, wenn man einen Bekannten eines anderen Regiments nach einem Gefecht traf, sei gewesen, zu fragen, wer wurde getroffen, aber bei dieser Gelegenheit habe die Frage nur gelautet ‹Wer lebt noch?›.» Was die Verwundeten vor allem verlangten, war Wasser. Jeder Schrei um Hilfe enthielt das Wort «Wasser!». Doch gerade Wasser war eine der knappsten Ressourcen auf dem gesamten Schlachtfeld. Nur in den wenigen Bauernhäusern gab es überhaupt Wasser. Doch die Soldaten tranken jede Art Wasser, das sie erreichen konnten, von dem mit Toten und Tierkadavern gefüllten Grabenwasser bis hin zu dem Wasser, mit dem man in den Bauernhäusern Wunden gewaschen hatte. Auch Ludwig von Reiche erinnert in seinen Memoiren über die zahlreichen Entbehrungen: «Unter allen ist aber der Durst am qualvollsten.»

Ein zentrales Thema nach jeder Schlacht bildete die Beute. Sie lässt sich unterscheiden einerseits in die offiziellen Feldzeichen, die Geschütze und die Besitztümer der Generäle, andererseits in die individuelle Aneignung sämtlicher Dinge, derer man habhaft werden konnte. Schlachtfelder waren gigantische Umschlagplätze von Artefakten und Wertsachen aller Art. Jeder Soldat trug die ihm wichtigsten Dinge gezwungenermaßen am Leib, und so kam es immer wieder zu Leichenfledderei und

Ausplünderung der Verwundeten. Dabei ging es nicht nur um Ehrenzeichen und Waffen, sondern auch um Uhren, Schmuck oder Bargeld. Angesichts einer nicht gerade exorbitanten Belohnung für einen gefangenen Soldaten, dem sogenannten ‹Prisengeld›, auf britischer Seite in Höhe von zwei Pfund, elf Schilling und vier Pence, war es für viele Soldaten offenbar lukrativer, ihre Gegner zu töten und auszurauben. Symbolische und materielle Werte unterschieden sich damit ähnlich wie die legitime von illegitimer Aneignung. Nach einer Schlacht den Toten die Taschen zu leeren, gehörte zum Gewohnheitsrecht der Armeen. Wellington verbot offiziell das Plündern, war jedoch kaum in der Lage, der chaotischen Situation Herr zu werden. Während die Armeen später die belgischen Bauern für die Plünderungen verantwortlich machten, war wohl allen klar, dass unmittelbar nach der Schlacht kaum Bauern auf dem Schlachtfeld waren, die Plünderer vielmehr aus den Reihen der Briten und Franzosen kamen. Vor allem Offiziere waren beliebte Ziele des Beutemachens. Sie besaßen Bargeld, Geldbörsen, Uhren, Medaillons, Pistolen, Degen oder Talismane und selbst ihre Epauletten und Uniformteile konnten bares Geld einbringen. Die Männer wurden um all ihre Habe gebracht, bis zuletzt nur der nackte Körper übrig blieb. Auch machten die Plünderer mitunter weder vor der Tötung der geplünderten Verwundeten noch der ihrer plündernden Konkurrenten halt. In den Dingen materialisierten sich jedoch auch Ehre und Ressentiment. Nach der Überwindung der französischen Kürassiere spotteten englische Soldaten etwa, es gäbe kaum bessere Bratpfannen als deren Kürasse, sofern sie nicht von Kugeln durchlöchert wären. Der enorme symbolische Wert vor allem der Feldzeichen zeigt sich etwa in bis heute anhaltenden Debatten über die eroberten Adler. So bildet einen festen Teil des Narrativs ehrenvoller Standhaftigkeit der Verlust von lediglich zwei Adlern bei Waterloo, nämlich dem des 45. Regiments der 3. Infanteriedivision und dem des 105. französischen Linienregiments. Die von Napoleon auf den Regimentsfahnen angebrachten Adler waren ein besonderes Ehrenzeichen, das er, nachdem Ludwig XVIII. die Adler hatte zerstören lassen, am 1. Juni 1815 in Form von 206 neuen Adlern (132 Infanterie, 66 Kavallerie, 8 Garde) wieder hat installieren lassen.

Besonders viele Tote und Verwundete lagen an den umkämpften Orten wie La Haye Sainte und Hougoumont. Major Harry Smith etwa beschreibt die Situation wie folgt: «In Waterloo war das ganze Schlachtfeld von rechts nach links eine einzige Masse toter Körper. An einer Stelle rechts von La Haye Sainte lagen die französischen Kürassiere buchstäblich aufeinander gestapelt; viele der Soldaten lagen unverletzt unter ihren Pferden; andere furchtbar verwundet, manchmal kämpften ihre Pferde auf ihren verwundeten Körpern. Der Anblick war unerträglich und ich hatte weder die Möglichkeit noch die Macht, ihnen zu helfen.» Diese Aussage kann als charakteristisch für das geradezu apathisch anmutende Verhalten der meisten Soldaten gelten. Obrist Georg Baring, der bis zur letzten Patrone bei La Haye Sainte gekämpft hatte, berichtet: «Mir waren von den 400 Mann, womit ich die Schlacht eröffnet hatte, nicht mehr als 42 geblieben. Nach wem ich auch fragen mochte, die Antwort lautete: todt! – verwundet!». Unwillkürlich seien ihm über diese Nachrichten die Tränen in die Augen getreten und auch «so manches herbe Gefühl» habe sich seiner wie «willenlos bemächtigt». Von aktiver Hilfe für die Verwundeten ist selten die Rede. Selbst Wellington erteilte erst am darauffolgenden Abend den Befehl, sich um die Verwundeten zu kümmern. Für viele aber kam dann jede Hilfe zu spät. Zweifellos waren alle Beteiligten übermüdet. Die eigenen Feldschere und medizinischen Kräfte waren mit der Situation hoffnungslos überfordert. Die Dunkelheit machte es überdies schwer, mehr als seine unmittelbare Umgebung zu überblicken. Auch um das Gehöft von Hougoumont herum bot sich ein Bild der Zerstörung. Der englische Hauptmann Mercer kommentiert: «Die unmittelbare Nachbarschaft von Hougoumont war dichter mit Leichen besät als die meisten anderen Teile des Feldes – besonders die Gräben waren voll davon. Die Bäume ringsum waren zumeist jämmerlich abgehackt und zersplittert, sowohl vom Geschütz- als auch von Gewehrfeuer. Die Höfe des Schlosses boten ein gräßlicheres Schauspiel als alles, was ich bisher gesehen hatte. Eine große Scheune war in Brand

Abb. 3: William Turner, The Field of Waterloo, Öl auf Leinwand (1818), Tate Britain, London

geraten, und die Feuersbrunst hatte auf die Wirtschaftsgebäude und selbst auf das Hauptgebäude übergegriffen. Hier hatten viele Franzosen und Engländer den Tod in den Flammen gefunden, und ihre verkohlten, aufgeblähten Überreste lagen in alle Richtungen verstreut. Unter diesem Haufen von Trümmer und Elend lebte noch mancher arme Teufel, saß und mühte sich seine Wunden zu verbinden. Solch ein Anblick des Grauens und ein so ekelerregender ward sicher nicht gesehen.»

Eindrucksvoll deutet ein Gemälde des englischen Malers William Turner (1775–1851) mit dem Titel *Schlachtfeld bei Waterloo* (*The Field of Waterloo*, 1818) die düstere Stimmung in der Nacht nach der Schlacht. Das Bild basiert auf Skizzen der räumlichen Gegebenheiten vor Ort, die Turner im August 1817 anfertigte. Zwei Frauen leuchten mit Fackeln über ein Leichenfeld dicht gedrängter Körper, während die gespenstische Gesamtszenerie ansonsten nur durch die brennende Ruine von Hougoumont und ein grelles Licht am Himmel erhellt wird. Nicht Heroismus und militärische Stärke, sondern das *memento mori* steht hier im Vordergrund. Turners Bild blieb in der zeitgenössischen Ästhetik jedoch eher eine Ausnahme.

Noch am Abend der Schlacht schrieben viele Soldaten Briefe an ihre Verwandten zu Hause. Ihre Nachrichten reichen von reinen Aufzählungen der Toten und Verwundeten über die Bekundung von Freude angesichts der eigenen Unversehrtheit bis hin zu triumphalen Dokumentationen der Beute. Blücher etwa schrieb am 19. Juni offensichtlich nur noch mit großer Mühe an den Generaladjutanten von Knesebeck: «Mein Freind die Schönste Schlagt ist geschlagen. Der herligste Sieg ist er fochten. Daß Detaille wird er vollgen, ich denke die Bonaparttsche geschigte ist nun wohl zimlig wider zu ende La Bellaliance den 19ten früh. ich kan nich mehr Schreiben den ich Zittere an alle glider, die anstrengung wahr zu groß.»

Auch war manchen Soldaten offenbar bereits bewusst, dass sie Teil eines historischen Ereignisses ungeahnter Größe geworden waren. So schrieb etwa William Gomm von den *Coldstream Guards* an seine Schwester: «Wir haben nichts Vergleichbares getan seit Blenheim», und spielte damit auf die berühmte Schlacht des Herzogs von Marlborough bei Höchstädt im Jahr 1704 an.

Am nächsten Morgen gerieten die Menschen auf dem Schlachtfeld wieder in Bewegung. Offiziere gingen umher und suchten nach ihren Freunden, man befragte sich gegenseitig, wer noch am Leben sei und den Verwundeten wurde nun bereitwilliger geholfen. Manche Regimenter sandten Patrouillen aus, die nach ihren Verwundeten suchen und diese zu den Feldchirurgen nach Mont St. Jean oder Waterloo bringen sollten. Das Schlachtfeld kam neuerlich in Bewegung, als die belgischen Bauern allmählich zurückkehrten und sich Waffen, Kleidung und Abzeichen in Mengen aneigneten. Auf die getöteten und verwundeten Franzosen reagierten sie mit Wut und ohne Gnade. Beute wurde gekauft und verkauft, und die Männer suchten sich die Überreste der Ausrüstungen so gut wie möglich zu Nutze zu machen. Zwei Soldaten versuchten einen französischen Munitionswagen zu Brennholz zu verarbeiten, doch dieser explodierte und schleuderte die beiden weit sichtbar dreißig Fuß hoch durch die Luft.

Wellingtons Armee zog nach Süden ab, und am späten Nachmittag des 19. Juni weilte angeblich kein unverwundeter britischer Soldat mehr auf dem Schlachtfeld. Es dauerte allerdings noch etwa vier Tage, bis alle noch lebenden Verwundeten in Lazarette und Unterkünfte verbracht worden waren. Die meisten Verwundeten wurden nach Brüssel gebracht, wo bald sämtliche Hospitäler überfüllt waren, so dass man auch auf die Häuser reicher Bürger ausweichen musste. Die konkreten Folgen der Gewalt zeigen etwa Bilder wie die Skizzen des schottischen Arztes und Anatomen Charles Bell (1774–1842), der selbst nach Waterloo gereist war und die Verwundungen der Soldaten in einigen Aquarellen für spätere Lehrzwecke dokumentierte. Der französische Generalstabsarzt Jean-Dominique Larrey wurde während des französischen Rückzugs von preußischen Soldaten mit Säbelhieben verwundet und entging nach seiner Gefangennahme nur knapp der Hinrichtung. Man hatte ihn aufgrund seines Äußeren für Napoleon gehalten, doch ein preußischer Chirurg, dessen Sohn er einst behandelt hatte, erkannte ihn rechtzeitig. In Brüssel verrichtete Larrey seine Dienste alsbald wieder in einem lokalen Krankenhaus.

Nicht nur optisch und akustisch, sondern auch olfaktorisch waren die Eindrücke des massenhaften Todes auf der Walstatt offenbar noch Wochen später grauenerregend. Ein vielfach nachgedruckter Bericht vom 7. August hält fest: «Es gibt dort riesige Gräber oder eigentlich Erdhügel, [welche] mit hunderten von Toten angefüllt sind, wo die Sieger und Besiegten wahllos zusammengeworfen wurden; der Lehm wurde dabei so dünn über sie verteilt, dass hier eine Hand aus dem Boden ragt, und sich dort deutlich ein menschliches Gesicht abzeichnet. Das Grauen dieser Dinge war unbeschreiblich. Drei Wochen nach der Schlacht waren sogar die Winde des Himmels von den aufsteigenden Ausdünstungen angefüllt: Neben diesen riesigen Gräbern, von denen es mehrere hundert gibt, wurden immense Berge von Toten an verschiedenen Stellen verbrannt und ihre Asche, die sich mit dem Staub vermischte, verteilte sich über das ganze Schlachtfeld.»

Exakte Verlustzahlen sind schwer zu ermitteln, da nie genau zu klären war, wie viele der Vermissten tatsächlich verwundet oder getötet worden waren oder schon vorher das Schlachtfeld hatten verlassen können. Die höchsten Verluste trug eindeutig die französische Armee davon, hatte sie doch den ganzen Tag über in exponierter Stellung Angriffe geführt. Ihre Verluste an Toten und Verwundeten am 18. Juni werden heute auf rund 31 000 Mann geschätzt. Die britisch-alliierte Seite verlor 17 000 Mann, 3500 Tote, 10 200 Verwundete und 3300 Vermisste. Die preußische Armee verlor bei Waterloo rund 7000 Mann, ihre Gesamtverluste in den vier Tagen der Schlacht von Charleroi bis Wavre beliefen sich jedoch auf 40 250 Mann. Die Gesamtverluste der Franzosen schätzt man auf 67 400, die der Briten auf 21 800. Am Abend nach der Schlacht soll Wellington gesagt haben, dass es «außer einer verlorenen Schlacht nichts Traurigeres gebe als eine gewonnene».

Seinem Bruder schrieb Wellington: «Du wirst den Bericht über unsere schreckliche Schlacht und den Sieg über Bonney [= Napoleon] sehen!! Es war die schrecklichste Sache, in der ich je gesteckt habe; nie habe ich mir so viel Mühe um eine Schlacht gemacht, und nie war ich so nahe daran, geschlagen zu werden.» Die Siegesnachricht Wellingtons nach London ging von einem kleinen Weiler nördlich der eigentlichen Gefechtszone ab: Waterloo. Damit erhielt die Schlacht für immer ihren Namen. Die Depesche verfasste Wellington am 19. Juni und übergab sie an Major Henry Percy von den 14. leichten Dragonern. Die Nachricht war in einen purpurfarbenen Samttaschentuchbeutel gepackt, den Percy auf dem Ball der Herzogin von Richmond am 15. Juni empfangen hatte. Als Trophäen des Sieges führte der Major ferner die Adler des 45. und 105. Linienregiments mit sich, um sie dem Prinzregenten Georg August Friedrich, dem späteren Georg IV., der aufgrund der Erkrankung seines Vaters Georg III. bereits die Regierung führte, zu Füßen zu legen. Die Reise führte Percy über Gent und Ostende zum Kanal und nach der Überfahrt direkt nach London, wo er am 21. Juni gegen 22.00 Uhr abends eintraf. Der Prinzregent befand sich gerade auf einem Ball am St. James Square, wo man die Nachricht mit Begeisterung aufnahm. Am 22. Juni 1815 erschien in der Londoner *Times* die «Waterloo-Depesche» und begründete damit einen Mythos.

Die britische Regierung verordnete landesweite Predigten und Dankgottesdienste. Eine Mindestaufgabe war die Verlesung des offiziellen *State Prayer*, weitere individuelle Predigten waren freigestellt. Am 2., 9. und 16. Juli, manchmal aber auch erst am 13. und 20. August fanden die Dankesfeiern statt, die letzte am 18. Januar 1816 zur Beendigung des gesamten Krieges. Alle namhaften Kleriker beteiligten sich an dieser nationalen Dankesbekundung, angefangen vom späteren Erzbischof von Canterbury, William Howley, bis hin zu Thomas Chalmer, dem führenden schottischen Presbyterianer. Laut Jeremy Black sind 1815 Predigten im Gesamtumfang von rund 100 000 Wörtern in Umlauf gewesen, vielerorts auch direkt verbunden mit Spendensammlungen für Opfer und Veteranen der Schlacht.

Was die Sichtweise der einfachen Soldaten auf das Ereignis betrifft, zeichnen sich deutliche Unterschiede ab, vor allem zwischen denen, die gern dabei gewesen wären, und denen, die die Schlacht tatsächlich mitgemacht hatten. Während ein Veteran des Spanienfeldzugs, der am 22. Juni in Ostende anlegte, schrieb: «Ich habe seitdem immer bereut, dass ich mit meinem Regiment nicht an der glorreichen Schlacht von Waterloo teilnehmen konnte», schreibt am 3. Juli der englische Fähnrich Howard von den 33ern aus Paris nach Hause: «Ich habe oft den Wunsch gehabt, eine große Schlacht mitzuerleben. Ich habe sie erlebt und das genügt mir ein für allemal.»

Dass mit der Nachricht einer Schlacht auch enorme materielle Profite verknüpft sein konnten, macht die Geschichte des vielleicht größten finanziellen Profiteurs der Schlacht deutlich. Mit Goldschmuggel während der Kontinentalsperre und als Bankier der britischen Regierung während des iberischen Feldzugs Wellingtons hatte sich Nathan Rothschild (1777–1836) bereits ein Vermögen verdient. Angesichts von Gerüchten eines Sieges Napoleons und angeblich durch Brieftauben bereits vom wahren Ausgang informiert, kaufte Rothschild billig Staatsanleihen auf, die wenige Tage später enorm an Wert gewannen. Rothschild avancierte damit zu einem der reichsten Männer seiner Zeit. Konkrete Belege für einen kalkulierten ‹Coup› Rothschilds liegen bislang jedoch nicht vor.

Die Bedeutung Waterloos als Medienereignis wird auch im Gemälde *Chelsea Pensioners Reading the Gazette of the Battle of Waterloo* des schottischen Künstlers David Wilkie aus dem Jahr 1822 deutlich. Um einen Tisch, an dem aus einer Zeitung vorgelesen wird, wahrscheinlich der *London Gazette*, versammelt sich eine Gemeinde aus Soldaten, Veteranen und Zivilisten, Männern und Frauen, Jungen und Alten und zelebriert so die nationale Gemeinschaft, geeint im Augenblick einer die Zukunft bestimmenden, zentralen Neuigkeit. Nicht die Schlacht selbst wird hier zum Thema, sondern die Wahrnehmung der Siegesnachricht, und man könnte angesichts des enormen Erfolgs von Wilkies Gemälde auf der Ausstellung der Royal Academy von einem Medienereignis dritter Ordnung sprechen. Weder die Schlacht selbst noch die Zeitungsberichte sind nun mehr das Ereignis, sondern die Rezeption der Nachricht.

Ganz so rasch wie in die britische Metropole nach Westen verbreitete sich die Nachricht nach Osten nicht. Am 24. Juni erschien die Siegesmeldung aus dem Hauptquartier in Heidelberg in der preußischen *Feld-Zeitung*, dem offiziellen militärischen Nachrichtenblatt. Am gleichen Tag empfing man die Siegesnachricht in Berlin morgens um 3.00 Uhr. Als Kurier Blüchers hatte Leutnant Nernst ein Schreiben an den Stadtkommandanten übermittelt, in dem Blücher schrieb: «Ew. Exzellenz benachrichtige ich, daß ich gestern, in Verbindung mit der englischen Armee unter dem Herzog von Wellington, den vollständigsten Sieg, der nur erfochten werden kann, über Napoleon Bonaparte davongetragen habe. Die Schlacht fiel in der Nähe einzelner auf der Straße von hier nach Brüssel gelegener Häuser, la ‹belle alliance› (die schöne Allianz) genannt, vor, und einen besseren Namen dieses wichtigen Tages kann es wohl nicht geben. Die französische Armee ist in einer völligen Auflösung, und eine außerordentliche Menge von Geschütz erobert.» Dem Überbringer der Nachricht wurde gegen 13.00 Uhr mittags ein feierlicher Einzug in Berlin bereitet. So berichten die *Berlinischen Nachrichten*, wie Nernst von «einem feierlichen Zuge, unter Vorreitung von 24 blasenden Postillons, die von königlichen Hof-Postsekretären mit gezogenem Degen angeführt wurden, unter dem größten Jubel des ihm entgegenströmenden Volkes nach der Stadt hereinbegleitet» worden sei. «Der Zug ging von dem Leipziger Tor durch die Wilhelmstraße, die Linden entlang nach dem Königlichen Palais, von da nach dem Königlichen Schlosse, und während der Kurier hier bei den Königlichen Herrschaften seinen Bericht abstattete, erfolgte aus dem im Lustgarten aufgefahrenen Geschütz eine Salve von hundert Kanonenschüssen. Am Abend war die Stadt erleuchtet. Am Sonntag ward dieses Sieges wegen dem Höchsten in allen Kirchen gedankt und das Tedeum angestimmt.»

Wenige Tage zuvor, am Morgen des 21. Juni, war Napoleon in Paris eingetroffen, doch die Nachricht von der Niederlage war ihm schon als Gerücht vorausgeeilt. Napoleon war jedoch keineswegs gewillt, abzudanken oder den Krieg verloren zu geben. Mit scheinbar ungebrochenem Selbstbewusstsein wollte er eine neue Armee aufbauen, um den Feind doch noch zu schlagen. Den ganzen Tag verhandelte er mit der Abgeordnetenkammer über einen möglichen Rücktritt. Am 22. Juni war es jedoch so weit, und die unvermeidliche Abdankung erfolgte. Auch ohne dass ihm die Abgeordneten ein Verlassen der Hauptstadt befahlen, war Napoleon klug genug die Flucht anzutreten, hatte Blüchers leichte Kavallerie doch den Auftrag, des Kaisers habhaft zu werden, um ihn hinzurichten. Napoleon plante, sich mit zwei Schiffen in die Vereinigten Staaten von Amerika abzusetzen, und beorderte den Marineminister, die beiden Fregatten *Saale* und *Méduse* für ihn in Rochefort bereitzuhalten. Am 3. Juli gelangte Napoleon nach Rochefort und setzte am 8. Juli auf die Île-d'Aix über. Die Truppen Grouchys, die sich nach Paris durchgeschlagen hatten, kapitulierten am 4. Juli. Ohne eine Entscheidung zu treffen, ging nun wertvolle Zeit für Napoleon verloren. Die Engländer zogen weitere Schiffe vor Rochefort zusammen und schließlich blieb nur noch die Option, sich dem Feind freiwillig zu übergeben. Am 14. Juli ergab sich der Kaiser der Franzosen in die Hände des «perfiden Albion» und begab sich am nächsten Morgen an Bord der *Bellerophon* unter dem Kommando von Kapitän Maitland. Zehn Tage später segelte die *Bellerophon* nach Plymouth, wo man dem Gefangenen am

31. Juli sein letztes Reiseziel bekanntgab. Es war die Vulkaninsel St. Helena im Südatlantik. Als Begleitung gestand man ihm seinen Arzt, drei Offiziere und zwölf Bedienstete zu. Am 16. Oktober 1815 landete Napoleon auf St. Helena, wo er sechs Jahre später am 5. Mai 1821 verstarb.

Deutlich schlechter als Napoleon erging es Marschall Michel Ney. Im August 1815 war in Paris eine Regierung von Ultra-Royalisten unter Leitung von Louis-Antoine du Plessis, Duc de Richelieu, installiert worden, die Ney im November 1815 des Hochverrats anklagte. Ney, auf dem nun die Hauptverantwortung für die Rückkehr des Korsen lastete, wurde verhaftet, zum Tode verurteilt und am 7. Dezember 1815 im Jardin du Luxembourg erschossen. D'Erlon wurde in Abwesenheit zum Tode verurteilt, andere Bonapartisten des Landes verwiesen. Die Armee wurde aufgelöst, um anschließend neu formiert zu werden – ein Prozess, der auch symbolisch durch die Entfernung der Regimentsadler und der Trikoloren manifest gemacht wurde.

Die politischen Folgen der Schlacht für Europa waren beträchtlich, obwohl bereits am 8. Juni, also gut eine Woche vor der Schlacht, der Wiener Kongress mit dem Beschluss der Bundesakte beendet worden war. Die Ereignisse des Vorjahres schienen sich nun zu wiederholen. Bereits am 31. März 1814 hatte Napoleon in Paris ein erstes Mal abdanken müssen, die Truppen der Koalition waren dort einmarschiert und König Ludwig XVIII. neuerlich in seine Würde eingesetzt worden. Es folgte die Verbannung Napoleons nach Elba. Auch 1815 zogen wieder alliierte Truppen in Paris ein, und König Ludwig wurde ein zweites Mal wieder eingesetzt. Der erste Pariser Friede vom Mai 1814 wurde am 20. September 1815 durch den zweiten Pariser Frieden, geschlossen von Großbritannien, Russland, Preußen und Österreich, erneuert bzw. bestätigt. Während der erste Friede von 1814 Frankreichs Grenzen auf den Stand von 1792 zurücksetzte, ging der zweite Friede noch weiter und reduzierte das Land um Orte und Territorien wie Savoyen, Nizza, Landau oder Saarbrücken auf die Grenzen von 1790. Eine Summe von 700 Millionen Franc an Reparationszahlungen wurde festgelegt, und 17 französische Festungen sollten für fünf

Jahre mit alliierten Truppen belegt werden. Angesichts der vorhergegangen Konflikte waren dies noch vergleichsweise moderate Maßnahmen, die Frankreich den Weg zurück in das Konzert der europäischen Mächte ermöglichten, ihm aber gleichzeitig jede Chance zu künftigen Expansionsbestrebungen nehmen sollten. Großbritanniens Hauptziel auf dem Wiener Kongress, ein Gleichgewicht der Mächte und eine Kontrolle der territorialen Ausdehnung Frankreichs und Russlands, konnte durch den zweiten Pariser Frieden in der Folge der Schlacht von Waterloo noch weiter forciert werden. Der britischen Königsfamilie war mittlerweile vom Wiener Kongress die im Oktober 1814 proklamierte Statuserhöhung Hannovers vom Kurfürstentum zum Königreich bestätigt worden. Hannover stand im Gebiet des ehemaligen Alten Reiches nun auf einer Ebene mit Preußen, Bayern, Sachsen und Württemberg. Die Leistungen der *King's German Legion* schienen diesen neuen Status quasi zu bestätigen.

Trotz der völligen politischen und militärischen Niederlage lebte Napoleon weiter und begriff sich selbst als «Märtyrer einer unsterblichen Sache». Wenn es nach Blücher oder Gneisenau gegangen wäre, hätte auch er standrechtlich erschossen werden müssen, weshalb die Briten ihn zur Sicherheit so schnell wie möglich nach St. Helena verschifft hatten. Dort hatte er nicht nur wenig Handlungsspielraum, sondern war auch unerreichbar. Während Napoleons zweiter und letzter Verbannung gab es von Anfang an ein beherrschendes Thema: Wie waren die Ereignisse «dieses unbegreiflichen Tages zu erklären»? Es galt, Schuldige und entscheidende Faktoren jener «unglaublichen Verkettung von Verhängnissen» zu benennen. Falsche Befehle konnte es ja nicht gegeben haben, Formen der Befehlsverweigerung und mangelnde Kompetenz der Generäle dagegen schon! Wer aber war der Hauptverantwortliche? Hauptgesprächspartner für derlei Erörterungen war Napoleons Sekretär, der Comte Emmanuel de Las Cases (1766–1842). Napoleon fand für seine Darstellung der Schlacht im wahrsten Sinn des Wortes kein Ende. Sechs verschiedene Faktoren der Niederlage diskutierte er, bis er sich schließlich für das Schicksal entschied: «Es war der Wille des Schicksals, denn trotz allem hätte ich diese Schlacht gewinnen müssen.»

Wellington, der Sieger der Schlacht, verzeichnete hingegen die höchsten für einen General möglichen Profite an ökonomischem wie symbolischem Kapital. Im Jahr 1817 offerierte ihm das britische Parlament das Anwesen *Stratfield Saye*. Die niederländische Regierung gewährte ihm eine jährliche Pension von 21 000 Florin, die aus einem 1083 Hektar großen Waldgebiet flossen, das den männlichen Nachkommen Wellingtons bis heute gehört. An militärischen Ehren folgten die Ämter eines Feldmarschalls in Preußen, Russland, Österreich, Spanien und Portugal. Auch eine musikalische Ehrung blieb nicht aus. Bereits 1813 hatte Ludwig van Beethoven *Wellingtons Sieg oder Die Schlacht bei Vittoria op. 91* komponiert, ein Stück über die Schlacht beim baskischen Vitoria am 21. Juni 1813, das nach seiner Wiener Uraufführung im Dezember 1813 am 10. Februar 1815 erstmals in London aufgeführt wurde und nach Waterloo enorme Popularität gewann. Beethoven selbst war jedoch wenig stolz auf diese Gelegenheitskomposition. In der britischen Innenpolitik engagierte sich Wellington als Oberhaupt einer Toryregierung von 1828 bis 1830, eine Funktion, die ihm nicht nur Freunde machte, so dass ihm in seinem Privatwohnsitz *Aspley House* die Fensterscheiben eingeworfen wurden. (Die daraufhin installierten eisernen Fenstergitter bescherten ihm in der Folge den Spitznamen «The Iron Duke».) Das Begräbnis des Herzogs von Wellington im Jahr 1852 übertraf jene der drei letzten in der ersten Jahrhunderthälfte verstorbenen britischen Monarchen Georg III., Georg IV. und Wilhelm IV. bei weitem. Dichter wie Alfred Tennyson sollten das «Weltbeben Waterloo» («that world-earthquake Waterloo») besingen, und so geriet der Abschied von Wellington zu einem Moment gewaltiger patriotischer Emphase.

VII. Mythos Waterloo: Erinnerungskultur und Gedenken

Noch während die Toten auf dem Schlachtfeld begraben wurden, setzte ein Prozess der medialen Repräsentation der Schlacht ein. Bereits den Zeitgenossen war der historische Schwellencharakter des Ereignisses bewusst, was gewiss ganz wesentlich die Entstehung des Mythos Waterloo beschleunigt hat. Doch die Beobachtung einer Zäsur allein reichte dafür nicht aus. Waterloo stand gleichzeitig auch an der Schwelle zu einer neuen populären Geschichtskultur. Neue Verfahren der Papierherstellung und Drucktechnik erhöhten die Frequenz von Zeitungen und Drucken, neue visuelle Techniken wie Aquatinta, Lithographie oder Stahlstich beschleunigten die technische Reproduzierbarkeit von Schlachtenbildern. Die Kultur der Romantik stellte ferner einen geeigneten Nährboden für die Schlachtenrezeption dar, denn gerade in der Zerstörung und dem Grauen der Schlacht konnten auf dieser Basis Momente des Erhabenen wahrgenommen werden. Der Verlust wurde dafür mindestens ebenso wichtig wie der Sieg. Gerade die Niederlage setzte noch deutlich mehr ästhetisches Potential der Imagination frei als der Triumph. Es kam zu einem regelrechten Sakralisierungsprozess, für den Anthony Seaton fünf Schritte auf dem Weg zum Mythos ausgemacht hat. Zunächst ist da die Frage der Benennung des Ortes, die keineswegs eine harmlos pragmatische Formalie darstellte, sondern sowohl als Politikum wie als eine extreme raumzeitliche Komplexitätsreduktion wirkmächtig wurde. Ligny, Quatre-Bras, Wavre und Waterloo verschmolzen so zu einem einzigen dominanten Ereignis ‹Waterloo› von nur acht Stunden auf 30 Quadratkilometern. Mit der Benennung Waterloo geht auch die narrative Reduktion des Ereignisses auf ein Duell zwischen Napoleon und Wellington einher. Des Weiteren kommt es zu einer Rahmung und Erhebung des Erinnerungsortes durch seine Bebauung und symbolische Markierung sowie zu der damit einhergehenden Einschließung in verschiedenen «heiligen Schreinen» (Seaton) wie Kirchen, Kapellen etc., ein Prozess, der die Erinnerungsmedien wie Plaketten und Denkmäler selbst zu sakralen Gegenständen macht. Im Zuge seiner medialen Reproduktion steigert sich ferner – geradezu in Umkehr der Gedanken Walter Benjamins zu den Wirkungen der technischen Reproduzierbarkeit der Aura eines Kunstwerkes – die Verankerung des Schlachtereignisses im kollektiven Gedächtnis. Abgeschlossen wird der Prozess der Sakralisierung durch die Veralltäglichung mittels kultureller Reproduktion des Ereignisses. Bedeutungsträger der Schlacht – von der Medaille bis zum Straßennamen – prägen nun fernab des Schlachtfeldes den Alltag der Menschen, sind zu selbstverständlichen Bestandteilen einer Kultur geworden.

Im Zuge der raschen Auratisierung des Ortes entwickelte sich ein regelrechter Schlachtfeldtourismus, und Waterloo zählt bis heute wohl zu den weltweit meistbesuchten Schlachtfeldern. Der Besuch von Schlachtfeldern war bereits im 18. Jahrhundert eine vielgeübte Praxis, doch mit Waterloo erreichte der heute sogenannte «Thanatourismus» einen vorläufigen Höhe- und Wendepunkt. Da auf britischer und alliierter Seite kaum jemand mit einer Schlacht nahe Brüssel gerechnet hatte, sondern vielmehr mit einem Vorrücken der eigenen Truppen auf französisches Territorium, hielt sich zur Zeit der Schlacht eine Vielzahl britischer Zivilisten in Belgien auf, die dann zu den ersten Besuchern des Schlachtfeldes zählten. So etwa die Schriftstellerin Fanny Burney (1752–1840), die von den Ausplünderungen der getöteten Soldaten berichtete, oder Charlotte Eaton (1788–1859), die von der geradezu karnevalesken Stimmung in Brüssel erzählte, die nach der Schlacht in banges Hoffen auf die Rückkehr der eigenen Soldaten umschlug. Zahlreiche Frauen kamen zum Schlachtfeld, um nach ihren Männern zu suchen, die Verwundeten zu pflegen und die Toten zu bestatten. Die nächste Welle von Besuchern setzte sich dann aus den Malern, Kupferstechern, Dichtern und Historiographen zusammen, welche die Ereignisse zu dokumentieren suchten. Wellington, dem diese unkontrollierbare Aufmerksamkeit stets ein Dorn im Auge war, äußerte gegenüber seinem Privatsekretär: «Ich hoffe, die nächste Schlacht, die ich schlage, wird weiter weg von zu Hause sein. Waterloo war zu nah: zu viele Besucher, Touristen, Amateure, von denen alle Berichte über die Schlacht verfasst haben.» Unter den zahlreichen Besuchern des Schlachtfeldes fanden sich rasch auch die europäischen Monarchen ein. Bereits im Dezember 1815 besuchte der niederländische König Wilhelm I. das Schlachtfeld, gefolgt von den Königen von England und Preußen sowie dem russischen Zaren Alexander I. Der Wille, ‹dabei gewesen› zu sein, nahm teilweise bizarre Züge an. Der englische Prinzregent Georg, der spätere König Georg IV., hatte mit Wellington 1821 auf dem Weg nach Hannover das Schlachtfeld besichtigt. Später erzählte er jedoch immer wieder, er sei selbst in der Schlacht gewesen, was Wellington angeblich höflich konterte mit dem Satz: «So haben Sie es mir gesagt, Sir.» Im Jahr 1838 veröffentlichte John Murray einen einflussreichen Schlachtfeldführer, der die Wege und Blicke der Besucher lenkte. Murray selbst musste dabei bedauernd konstatieren, dass die Grenzen zwischen ‹echten› Artefakten und eigens hergestellten Souvenirs sich bereits bis zur Unkenntlichkeit verwischt hätten. Als 1855 der Reiseunternehmer Thomas Cook (1880–1892) seine erste Kontinentalreise veranstaltete, war darin schon wie selbstverständlich auch ein Halt am Schlachtfeld von Waterloo vorgesehen.

Von Anfang an zeigte das Gedenken auch Züge von Institutionalisierung. Bereits 1816 gründete sich eine eigene *Société de Waterloo* in Brüssel, und 1818 wurde der 18. Juni zum Nationalfeiertag in den Vereinigten Niederlanden erklärt. Die niederländischen, belgischen und nassauischen Streitkräfte fanden darüber hinaus auch ihre historiographischen Apologeten, die gegen eine hegemoniale britisch-preußische Historiographie anschrieben. Eine Nationalisierung des Gedenkens bestimmte die Erinnerungskultur dann bis zum Beginn des 1. Weltkriegs. 1819 entstand nördlich von Plancenoit der sogenannte «Schinkel-Tabernakel» von Belle-Alliance, gestiftet vom preußischen König Friedrich Wilhelm III. und gestaltet vom Berliner Stararchitekten Karl Friedrich Schinkel (1781–1841): eine schwarze Kirchturmspitze im gotischen Stil mit der Aufschrift «Die gefallenen / Helden ehrt dank- / bar König und / Vaterland. / Sie ruhn / in Frieden. / Belle-Alliance / den 18. Juni 1815». 1832 kommt es zu einem symbolischen Denkmalsturz, als das preußische Monument von französischen Truppen demoliert, jedoch schon wenig später erneuert und eingezäunt wird. Bis zu einem eigenen französischen Denkmal dauerte es noch bis zum Jahr 1904. In Gestalt des *Aigle blessé*, eines tödlich verletzten Adlers, dessen Krallen eine französische Fahne umfassen, wurde ein erstes französisches Monument an jener Stelle des Schlachtfeldes errichtet, an der die kaiserliche Garde vorgeblich bis zuletzt Widerstand geleistet hatte. Bezeichnenderweise ging die Initiative dazu von drei Privatmännern aus, darunter dem Historiker Henry Houssaye (1848–1911), der 1898 eine der einflussreichsten historischen Darstellungen der Schlacht publiziert hatte. Der frühe französische Erinnerungsdiskurs war somit weitgehend von der Ideologie der Selbstaufopferung der *Grande Armée* und dem Martyrium Napoleons geprägt.

Indem man das Schlachtfeld zu einem Erinnerungsort machte, veränderte es sich auch physisch in immer kürzeren Abständen. Einen radikalen Eingriff stellte die Errichtung des sogenannten Löwenhügels (*La Butte de Lion*) durch die Belgier in den Jahren 1823 bis 1826 an jener Stelle dar, an der der Prinz von Oranien verwundet worden sein soll. 225 Stufen führen den Besucher seitdem zu einem bronzenen Löwen von 22 Tonnen Gewicht, der die gesamte Szenerie überragt. Rund 2000 Arbeiter und 600 Pferde waren mit den Arbeiten drei Jahre lang beschäftigt. Allein die Aufschüttung des Hügels führte zu massiven Veränderungen des Schlachtfeldes, das nun einerseits tiefergelegt worden war, während der Löwe andererseits eine völlig neue Erhöhung darstellte.

Blickt man von dem 43 Meter hohen Hügel auf das Schlachtfeld, so eröffnet sich die Sicht auf eine einzigartige historische Erinnerungslandschaft. Das in einen ausgedehnten Erinnerungsparcours verwandelte Areal umfasst heute allein 135 verschiedene Monumente und Denkmäler. Eine seiner frühen, aber kurzlebigen Attraktionen war die sogenannte Wellington-Ulme, unter der sich der General während der Schlacht meistenteils aufgehalten haben soll. Als der Journalist John Scott den Baum im Juli 1815 besuchte, hatten sich die Besucher bereits die Kugeln und Kartätschensplitter aus dem Holz geschnitten, Äste und Holzsplitter folgten, bis 1818 ein begeisterter Anhänger schließlich den ganzen Baum fällte und in Schnupftabak und Zahnbürstendosen sowie einen Stuhl verwandelte. Nicht zuletzt angesichts solch radikaler und skurriler Aneignungsweisen wurde es auch für die Anwohner der Schlachtfeldregion immer schwieriger, die fragile historische Materialität des Ortes zu bewahren, so etwa in Gestalt der Namen von Offizieren, die mit Kreide an Häuser und Stallungen geschrieben standen und allmählich verblichen. Eine kleine Kapelle ohne große architektonische Bedeutung wurde zu einem Wallfahrtsort, wo sich Regimentsfahnen und Gedächtnistafeln stapelten. 1855 wurde sie durch eine größere *Waterloo Church* ersetzt. Um den rasanten Veränderungen des Terrains Einhalt zu gebieten, beschloss die belgische Regierung am 26. März 1914, eine Fläche von 500 Hektar um den Mont St. Jean herum unter Denkmalschutz zu stellen. Seither ist dort jede Bebauung und Veränderung untersagt.

Direkt unter der *Butte de Lion* eröffnete Edward Cotton, ein Teilnehmer der Schlacht, ein Hotel mit eigenem Museum von Erinnerungsobjekten, darunter u. a. auch den Schädeln von Gefallenen. Jeder Brite wollte ein Teil des Ereignisses werden, es im mehrfachen Sinne ‹begreifen›. Vor allem materielle Relikte der Schlacht gewannen damit an Bedeutung. Zu den spektakulärsten Beutestücken zählte die Privatkutsche Napoleons, ein ungemein aufwendig konstruiertes und luxuriös ausgestattetes Fahrzeug, dessen Innenraum je nach Bedarf in Küche, Schlafzimmer oder Arbeitszimmer verwandelt werden konnte. Napoleon hatte damit über ein regelrechtes Büro mit Schreibtisch, Karten und Fernrohren verfügt. Die von dem preußischen Major von Keller erbeutete Kutsche wurde bald nach der Schlacht von dem Londoner Naturforscher, Sammler und Antiquitätenhändler William Bullock (1773–1849) erworben, der sie in einem von ihm erbauten Museum, der sogenannten *Ägyptischen Halle*, in Piccadilly ausstellte. Ein Kupferstich von George Cruikshank (1792–1878) aus dem Jahr 1816 karikiert, wie das Londoner Publikum gierig über die ausgestellte Kutsche Napoleons herfällt.

Die Kutsche wurde 1842 von Madame Tussauds erworben und verbrannte am 18. März 1925. Lediglich eine von den Flammen verformte Achse überdauerte und wurde 1976 dem Museum in Malmaison vermacht. Wie für Könige und Feldherrn nicht ungewöhnlich, wurden vor allem die Pferde der beiden Antagonisten zu berühmten Figuren und deren sterbliche Überreste zu begehrten Objekten. Das Skelett von Napoleons bei Waterloo erbeutetem arabischen Schimmelhengst *Marengo* (ca. 1793–1831), der den Kaiser der Franzosen noch um einige Jahre überlebte, wurde im Imperial War Museum ausgestellt. Anders erging es Wellingtons Stute *Copenhagen* (1808–1836). Sie wurde auf seinem Landsitz Stratfield Saye mit militärischen Ehren beigesetzt, und der Herzog verbat sich erfolgreich alle Begehrlichkeiten der Museumsleute.

Eine makabre Massenware bildeten hingegen die Zähne der getöteten Soldaten, die als Zahnersatz von Europa bis in die Vereinigten Staaten begehrt waren. Auf diese Weise kam es zu einer regelrechten ‹Einverleibung› der Erinnerung an die Schlacht. Einzelne Körperteile wie das amputierte Bein von Lord Uxbridge, das in einem eigenen kleinen Sarg im Garten eines Gasthauses in Waterloo begraben wurde, erreichten den Status von Reliquien. Besonders rabiat ging offenbar ein Gentleman vor, von dem der Dichter Eaton Stannard Barret berichtet, er habe einen «echten Waterloo-Daumen, mit Nagel und allem mit nach Hause gebracht, den er in einer Flasche Gin» aufbewahre.

Die ständische Unterscheidung zwischen Offizieren und Gemeinen, die während der Schlacht allgegenwärtig war und noch bis in den Tod durch die unterschiedlichen Begräbnissitten wirksam wurde, hob sich ansatzweise symbolisch auf, als alle Teilnehmer der Schlacht ohne Ausnahme mit einer Erinnerungsmedaille bedacht wurden. Allerdings prägte jede beteiligte Macht ihre eigene Medaille: die Briten für ihre Soldaten, eingeschlossen

Abb. 4: George Cruikshank, A Scene at the London Museum Piccadilly, kolorierter Kupferstich (1816), Victoria & Albert Museum, London

der *King's German Legion*; die Hannoveraner, die Nassauer, die Braunschweiger und die Preußen hatten je unterschiedliche Motive.

Eine 1818 errichtete britische Gedenktafel schließt alle Gefallenen wie folgt ein: «In Honoured Memory of / All British Officiers / non Commissioned Officiers and Soldiers / Who Fell in the Battle.»

Vor allem die Literaten und Historiographen der Zeit suchten das Schlachtfeld als Quell der Inspiration auf. Sir Walter Scott (1771–1832) besuchte Waterloo Ende Juli 1815 und veröffentlichte noch zu Jahresende ein Gedicht mit dem Titel *The Field of Waterloo*, während Lord Byron, ein Bewunderer Napoleons, einen Bericht in seinem Reisegedicht *Harolds Pilgerfahrt* unterbrachte, in dem er Wellington mit keinem Wort erwähnte. In einem Brief vom Dezember 1816 bezeichnete Lord Byron das Armenische als «ein Waterloo von einem Alphabet» und stand damit am Anfang einer Welle von Aussprüchen, in denen Water-

Abb. 5: Waterloo Medaille Herzogtum Nassau

loo zur Chiffre einer finalen Krise wird, so etwa bei dem amerikanischen Schriftsteller Wendell Philipps (1811–1884), der 1859 verkündete: «Jeder Mann findet am Ende mal sein Waterloo.» William Makepeace Thackeray (1811–1863) verarbeitete den Waterloo-Stoff in seinem Roman *Vanity Fair* (1847/48), einem Beststeller des 19. Jahrhunderts, in dem die Preußen bezeichnenderweise überhaupt nicht vorkommen und auch die Belgier keine gute Figur machen. In der französischen Literatur verarbeiteten Schriftsteller wie Alexandre Dumas (1802–1870) (*Le Comte de Monte-Christo*, *Napoleon Bonaparte*), Victor Hugo (1802–1885) (*Les châtiments, Les Misérables*), Charles Baudelaire (1821–1867) oder Marie-Henri Beyle, genannt Stendhal (1783–1842) die Schlacht. Stendhal hat 1839 in *La Chartreuse de Parme* den Zusammenhang von Ereignis und Erzählung einer Schlacht treffend literarisch inszeniert. Fabrice del Longo, der 17-jährige Held der Geschichte, sucht nach Napoleon, doch der Feldherr und die Schlacht bleiben ihm stets verborgen. Nicht die große synoptische Zusammenschau oder die Feldherrnperspektive präsentiert Stendhal, sondern die Unsichtbarkeit der Schlacht. Betäubt vom Lärm des Kampfes sieht Fabrice – wie bereits erwähnt – nichts als weiße Rauchwolken und Pulverqualm. Es ist die Sicht ‹von unten› eines einfachen, für den Gesamtverlauf unbedeutenden Individuums, die diesmal anstelle eines heroisierenden, souveränen Überblicks geboten wird. Besonders intensiv setzte sich auch Victor Hugo mit dem Ereignis auseinander, der dazu dreimal in den Jahren 1837, 1852 und 1861 Mont St. Jean besuchte und im *Hôtel des Colonnes* logierte. Im zweiten Teil von *Les Misérables* ist Waterloo Thema eines historischen Exkurses, in dem sich der Literat zunächst ganz wie ein Historiker gibt. Doch bei der Darstellung der Schlüsselszene, des verlustreichen Angriffs auf den Hohlweg von Ohain, entfaltet er dann eine drastische Nahaufnahme der Gewalt mit deutlichen Bezügen zur antiken Götterwelt.

Die «erhabenen Sterbenden» Hugos markieren einen historischen Wendepunkt. Neben *Les Misérables* stellt vor allem Hugos 1852 entstandenes Gedicht *L'Expiation* (Die Sühne) eine weitere einflussreiche literarische Bearbeitung der Schlacht dar. Die intermedialen Bezüge im Waterloo-Sujet werden auch in der Aufnahme der Dichtung Hugos durch den zeitgenössischen Maler Anselm Kiefer (geb. 1945) deutlich, der in den 1980er Jahren mehrere Bilder zu Waterloo mit expliziter Referenz auf Hugos *L'Expiation* schuf. Der ereignishafte Entscheidungscharakter der Schlacht wird literarisch besonders in Stefan Zweigs historischer Miniatur *Die Weltminute von Waterloo* pointiert, die 1927 in der Sammlung *Sternstunden der Menschheit* erschien. Zweig fokussiert dabei ganz auf den «Fehler» General Grouchys, Napoleon nicht zu Hilfe zu eilen und stattdessen vergeblich die Preußen zu verfolgen. Selbst die «Weltminute» schrumpft im Text noch einmal auf eine Sekunde: «Eine Sekunde überlegt Grouchy, und diese eine Sekunde formt sein eigenes Schicksal, das Napoleons und das der Welt. Sie entscheidet, diese Sekunde im Bauernhaus von Walhaim, über das ganze neunzehnte Jahrhundert.»

Waterloo wurde zu einem beliebten Sujet der Historienmalerei des 19. Jahrhunderts, in der militärische Themen europaweit ohnehin Konjunktur hatten. Bereits am 1. September 1815 schrieb das *New Monthly Magazine*: «Die unvergleichliche und entscheidende Schlacht von Waterloo hat, wie man erwarten konnte, alle unsere Künstler, Maler, Bildhauer und Architekten ins Werk gesetzt, für ihr Andenken zu arbeiten.» Einer der ersten Auftragsmaler, der sich bereits zwei Monate nach der Schlacht nach Waterloo aufmachte, war John Atkinson (1775–1833). Sein Gemälde, in dem er versuchte, so viele bekannte Persönlichkeiten wie möglich im Vordergrund der Schlachtszenerie zu präsentieren, ist heute jedoch nur noch durch einen Stich überliefert. Die Maler, die sich rasch des Themas Waterloo annahmen, wie u. a. William Heath, Thomas Heaphy oder John Heaviside Clark, später auch «Waterloo-Clark» genannt, waren fast ausnahmslos zweitklassig, während führende Köpfe wie Benjamin West oder Benjamin Haydon das Sujet weitgehend mieden. Die enorme Patronage Napoleons für Schlachtenmalerei und eine gewisse Skepsis der britischen Mittel- bis Oberschicht gegenüber militärischen Themen waren dafür sicher mitausschlaggebend. Doch der Markt der Waterloo-Darstellungen florierte dessen ungeachtet. Besonders beliebt waren etwa Szenen des Angriffs französischer Kürassiere auf englische Karrees, wie sie u. a. Maler wie Denis Dighton (1792–1827), der 1816/17 eine ganze Serie von Waterloo-Bildern anfertigte, oder 1874 Henri Félix Emmanuel Philippoteaux (1815–1884) in Szene setzten. Auch umkämpfte Orte wie Hougoumont und La Haye Sainte wurden zum Gegenstand zahlreicher Historiendarstellungen, meist in heroisierender Inszenierung von äußerster Entschlossenheit und voll dramatischer Momente von Durchbruch oder Widerstand. Doch schon ab 1816 kam es zu einer unaufhaltsamen Differenzierung von Historienmalerei und Militärmalerei. Das militärische Sujet blieb weiterhin populär, galt jedoch nicht mehr als höchste Vollendung eines historischen Gemäldes. In Frankreich schufen Künstler wie Auguste Raffet (1804–1860) oder Hippolyte Bellangé (1800–1866) verschiedene Gemälde zu Waterloo, die meist heroisch hin und her wogende Soldatenmengen in Augenblicken höchster Gefahr präsentieren. Erst mit Alexandre Protais' (1825–1890) *Soir de Waterloo, le dernier carré* (1886) radikalisiert sich die Darstellungsweise zu einem reinen Leichenfeld. In den Niederlanden beteiligten sich an der Medialisierung der Schlacht Künstler wie Jan Willem Pienemann, der 1815 *De veldsslag bij Waterloo op den 18 juni 1815* im monumentalen Format von 8×6 Metern malte. Nach einer Tour durch halb Europa kaufte schließlich der niederländische König für 40 000 Florin das Gemälde als Geschenk für seinen Sohn.

In der deutschen bzw. preußischen Ikonographie dominierte zunächst ganz die Person Blüchers. Allein bis 1850 wurden auf den jährlichen Kunstausstellungen der Berliner Akademie 42 Bilder mit Blücher-Motiven präsentiert. Besonders einflussreich wurde Wilhelm Camphausens Gemälde *Begrüßung Blüchers und Wellingtons nach der Schlacht bei Waterloo (Belle-Alliance) am 18.6.1815* (1862). Bis 1871 kannte die Blücher-Verehrung keine Grenzen, in seiner Geburtsstadt Rostock errichtete man ihm bereits 1819 ein monumentales Denkmal auf dem Hopfenmarkt (dem heutigen Universitätsplatz). Kam es im Zuge der Reichseinigung zu einer allmählichen Überblendung durch andere Heldeninszenierungen, so feierte Blücher beispielsweise in der DDR-Historiographie eine Wiederkehr als Symbol deutsch-russischer Verbrüderung und militärischer Tradition. Ein Schüler Camphausens, der Brite Richard Caton Woodville (1856–1927) fertigte weitere Waterloo-Bilder, die zeigen, dass der Stoff auch im späten 19. Jahrhundert noch nicht an Beliebtheit verloren hatte. Damals mehrten sich Visualisierungen einer Entgrenzung des Kampfes, wie etwa bei Adolf Northen (1828–1876), der in seinem Gemälde *Angreifende Preußen in Plancenoit in der Schlacht von Waterloo* (1863) auch den Häuserkampf zum Thema machte.

Gemälde blieben jedoch nicht das einzige visuelle Medium der Waterloo-Ikonographie. In den dreißiger Jahren des 19. Jahrhunderts wurde der britische Hauptmann William Siborne mit der Aufgabe betraut, ein großes Modell der Schlacht für das 1831 gegründete *Naval and Military Library Museum* zu erstellen, das 1839 in *United Services Institution* umbenannt wurde. Zu diesem Zweck gestattete man ihm, die überlebenden Offiziere mittels eines Rundschreibens um Informationen über ihre Wahrnehmung der Schlacht zu bitten. Sein Schreiben enthielt einen genauen Fragenkatalog, und viele der Angeschriebenen gaben ausführlich Antwort. Die Ausstellung des aus

75 000 Zinnsoldaten bestehenden Dioramas wurde 1838 in der *Egyptian Hall* in Piccadilly eröffnet. Sechs Jahre später veröffentlichte Siborne eine Darstellung des Feldzugs mit dem Titel *History of the War in France and Belgium in 1815*, die aber eher eine wirre Aneinanderreihung von Einzelfakten bietet als eine konzise Analyse. Sibornes Sohn Herbert Taylor Siborne publizierte 1891 eine Auswahl der Briefe, die bis heute als *Waterloo Letters* bekannt sind. Siborne hatte auf eigene Rechnung gearbeitet in der Hoffnung, für das fertige Werk von seinen Auftraggebern angemessen entlohnt zu werden. Ein Wechsel der Regierung, aber mehr noch der unbedingte Wille Wellingtons, seine Sicht der Ereignisse als einzig legitime historische Repräsentation zu etablieren, führten dazu, dass Siborne schließlich 1849 im Alter von 51 Jahren verarmt verstarb, ohne je die 3000 Pfund Entlohnung zu bekommen. Das Diorama war kurzzeitig zu einem Politikum geworden, stellte es doch den Wendepunkt der Schlacht gegen 19.00 Uhr dar und sparte dabei nicht die herannahende preußische Armee unter Blücher aus, ohne deren Eingreifen die Ereignisse zweifellos eine andere Entwicklung genommen hätten. Die Zensurtätigkeit Wellingtons hatte bereits bald nach der Schlacht eingesetzt. Als Robert Southey 1816 in der *Quarterly Review* einen Artikel veröffentlichte, der davon berichtete, Wellington habe von Napoleons Angriff während eines Mittagsschlafs erfahren, versuchte er die Publikation zu zensieren, vor allem aber die darin enthaltenen Hinweise auf die Verdienste der preußischen Armee zu unterdrücken.

Doch es hat sich kein Bild zu *dem* historischen Referenzbild der Schlacht von Waterloo entwickelt, eine Tatsache, die vielleicht auch der schieren Menge an unterschiedlichen Visualisierungen geschuldet ist. Stattdessen gibt es eine Art Kanon verschiedener Werke, die unterschiedliche Dimensionen inszenieren. Bemerkenswert ist in vielen Fällen der enorme Aufwand, den die Künstlerinnen und Künstler betrieben, um ein möglichst ‹realistisches› Werk zu produzieren. Populär ist beispielsweise Lady Elizabeth Butlers *Scotland Forever* (1881) geworden, das frontal auf den Betrachter zureitende *Scots Greys* zeigt. In Vorbereitung auf das Gemälde besuchte Lady Butler unter anderem die *Royal Horse Guards* und ließ zweimal echte Kavalleristen auf sich selbst zureiten. Auch hatte sie sich der Lektüre von Sibornes *History of the War in France* unterzogen.

Ein weiteres beliebtes Medium zur panoptischen Rundumvisualisierung einer Schlacht stellte im 19. und frühen 20. Jahrhundert das Panorama dar. Seine Hochzeit feierte das Medium vom späten 18. Jahrhundert bis in die 1830er Jahre, sodann erneut seit den 1870er Jahren. Noch im Jahr der Schlacht entstand ein erstes Panorama von Henry Aston Barker, das ihm 10 000 Pfund an Eintrittsgeldern einbrachte und nach seiner Versendung in die USA offenbar bis zur buchstäblichen Auflösung präsentiert wurde. Im Jahr 1912 entstand ein weiteres, mehrheitlich von französischen Künstlern wie Louis Dumoulin gestaltetes Panorama der Schlacht auf 1320 Quadratmetern, das in einem eigenen Rundbau ausgestellt noch heute eine der zentralen Touristenattraktionen auf dem Schlachtfeld darstellt.

Auch in bewegte Bilder wurde das Thema Waterloo umgesetzt. Im Jahr 1831 inszenierte mit Christian Dietrich Grabbe (1801–1836) ein Dramatiker des Vormärz das Thema Waterloo auf der Bühne in seiner Tragödie *Napoleon oder die hundert Tage*. Zwei Jahre vor dem hundertjährigen Gedenktag der Schlacht wurde 1913 der erste Stummfilm *The Battle of Waterloo* gezeigt. Ihm folgte der französische Film *Napoléon* (1927) und die deutsche Produktion *Waterloo* (1928) unter der Regie von Karl Grune – ein Film, in dem Otto Gebühr, vor allem bekannt als Darsteller Friedrichs II., die Rolle Blüchers spielt. Als erster Tonfilm erschien 1934 die britische Produktion *The Iron Duke*, die ganz auf die Person Wellingtons konzentriert war. Im Jahr 1970 kam dann der bis heute wohl bekannteste Spielfilm *Waterloo* des russischen Regisseurs Sergei Bondartschuk (1920–1994) in die Kinos. Die aufwendigen Dreharbeiten mit rund 18 000 Statisten erfolgten in Russland mit Soldaten der damaligen Sowjetarmee. Der Film floppte aber weitgehend und spielte die ca. 35 000 000 Dollar Produktionskosten nicht ein, was angeblich Stanley Kubrick dazu bewegt hat, seinen im fortgeschrittenen Planungsstadium befindlichen Film über Napoleon nicht zu drehen. 1974 gewann die schwedische Popgruppe

ABBA mit dem Song *Waterloo* den Eurovision Song Contest und machte die Schlacht damit auch zu einem Erinnerungsort der Popmusik.

In den Hauptstädten der Siegermächte erinnern zum Teil bis heute insgesamt rund 350 mehr oder minder bedeutende Bauwerke, Straßen und Plätze mit dem Namen Waterloo an den Sieg. Für Wellington sind es jedoch fast doppelt so viele, was auf eine eigentümliche symbolische Konkurrenz zwischen dem Ereignisnamen und seinem Helden verweist, die eindeutig zugunsten Wellingtons ausfiel. Am nachhaltigsten wurde die Londoner Innenstadt mit Erinnerungsorten bedacht, obwohl es zu Beginn nicht unbedingt danach aussah. An ambitionierten Vorschlägen hatte es nicht gemangelt. James Elme etwa schlug vor, ein 40 Morgen großes Denkmaldorf im Norden Londons zu errichten, während Viscount Castlereagh dem Parlament den Plan für einen monumentalen Triumphbogen unterbreitete. Beides wurde nie realisiert, und schon bald erhoben sich Stimmen, die kritisierten, dass eine militärisch so erfolgreiche Nation wie Großbritannien offenbar nicht in der Lage sei, eine visuelle Repräsentation ihrer Erfolge zu schaffen. Mit der ursprünglich in den Jahren 1811 bis 1817 errichteten und 1937 bis 1939 neu gebauten Waterloo Bridge sowie der 1848 erbauten und zwischen 1907 und 1922 erneuerten Waterloo Station fanden sich aber schließlich doch noch nationale Symbole des Sieges. Bezeichnenderweise waren jedoch beide mit praktischem Nutzen verbunden, also nicht als reine Repräsentation gebaut. Bis in die Gegenwart können diese offenbar erneut zum Politikum werden, wie die Debatte um die 1994 eröffnete Zugverbindung des *Eurostar International* zwischen Paris und London zeigte. Für einige französische Politiker war die britische Endstation *Waterloo Station* ein Affront. Seit 2007 hält der Zug nun in *St. Pancras International.*

Durch die globale Ausdehnung des britischen Empire wurden die Namen Waterloo und Wellington in der Folge nicht nur zu ubiquitären Benennungen von Pubs, Straßen und Plätzen in Großbritannien, sondern auch zu Ortsnamen in Kanada, Australien und Neuseeland, auf dessen Südinsel der Name *Waterloo*

Peak heute einen Berg bezeichnet. Allein in den USA findet sich in 14 Bundesstaaten ein Waterloo. In der Hauptstadt des damals noch in Personalunion mit Großbritannien stehenden Königreiches Hannover erinnert die von Georg Laves (1788–1864) entworfene und zwischen 1826 und 1832 erbaute Waterloo-Säule auf dem Waterloo-Platz an das Ereignis. Das preußische Berlin gedachte der Schlacht mit dem Belle-Alliance-Platz (dem heutigen Mehringplatz). In Deutschland dominierte das Gedenken – mit Ausnahme Hannovers – jedoch eher die Völkerschlacht bei Leipzig 1813, die als das eigentliche Ende der napoleonischen Herrschaft galt. Dennoch nutzten auch immer wieder deutsche Schriftsteller die Waterloo-Referenz. So etwa Karl May (1842–1912) in *Der Weg nach Waterloo* (1930), einer gekürzten Überarbeitung des Kolportageromans *Die Liebe des Ulanen* (1883–1885). Die Schlacht selbst steht dabei nicht im Mittelpunkt, sondern dient vielmehr als Aufhänger einer Liebesgeschichte.

Jenseits der konkreten militärischen Konsequenzen des Ausgangs der Schlacht entwickelte diese eine Art Eigenleben als politische Chiffre, die je nach Lager genutzt werden konnte. So ergaben sich aus heutiger Perspektive ungewöhnliche politische Allianzen und Sympathien in jener Deutung, die Napoleon selbst durch den Grafen Las Cases verbreiten ließ. Das Verlieren der Schlacht wurde von ihm als ein Rückschlag für die Freiheit in Europa gedeutet, eine Ansicht, die britische Liberale und Radikale wie Lord Byron oder William Cobbet teilten, die trotz ihrer Verachtung für Napoleons Gewaltherrschaft seinen Kampf gegen die tyrannischen Monarchen Europas für ihre innenpolitische Kritik an den Torys zu instrumentalisieren suchten. Zwar überwogen eindeutig diejenigen politischen Stimmen, die Waterloo als furiosen Sieg über die Despotie priesen, doch die Erinnerung an den 18. Juni blieb im Wettstreit von Whigs und Tories stets polarisierend präsent. Am Leben gehalten wurde die Chiffre beispielsweise durch die jährlichen Waterloo-Feiern. So verkündete zwanzig Jahre nach der Schlacht ein Bericht über die Feiern der Tories in Edinburgh am 18. Juni 1835: «Der Tag des Jahres, den die Whigs (Liberalen) am meisten hassen, ist der 18. Juni.» Der 18. Juni ist mittlerweile jedoch ein historisches Datum, das mit verschiedenen Ereignissen belegt wird, wie etwa dem denkwürdigen «Appel» General de Gaulles am 18. Juni 1940 und der Rede Winston Churchills vor dem *House of Commons* am gleichen Tag. Diese historischen Doppelungen sind gewiss kein Zufall und wirken gleichsam als erinnerungskulturelle Verstärker einer besonderen Geschichtsträchtigkeit des Tages der Schlacht bei Waterloo.

Die drei Gedenkjahre 1865, 1915 und 1965 brachten nicht nur eine weitere Flut an Publikationen, sondern können auch als Gradmesser für den jeweiligen Stand der geschichtspolitischen Debatten über die Erinnerung an die Schlacht gelesen werden. Bereits die Frage des Namens sorgte immer wieder für Kontroversen. Vor allem für die unterlegene Seite stellt der Name einer Schlacht immer eine besondere legitimatorische Herausforderung dar. Endete die Serie der auf dem Pariser *Arc de Triomphe* verzeichneten Erfolge Napoleons mit Ligny, so entwarf man als Alternative zu Waterloo den Namen «Bataille de Mont-Saint-Jean». Das Gehöft Mont St. Jean hatte in der Schlacht ähnlich geringe Bedeutung wie der konkrete Ort Waterloo, befand sich jedoch inmitten der englischen Verteidigungslinie und war der strategische Zielpunkt der französischen Offensive. Hatten die preußisch-deutschen Schriften zum Gedenkjahr 1865 bereits auf der Namensgebung *La Belle-Alliance* beharrt, so schlugen Schriften des Kriegsjahres 1915 noch deutlich aggressivere Töne an und titelten «Englands große Waterloo-Lüge» (Karl Bleibtreu). Im Zeichen veränderter Bündnisse kämpften damals Briten, Belgier und Franzosen gemeinsam gegen die Deutschen. So gestaltete sich das Gedenken schwierig. An Frankreich ging es sogar fast spurlos vorüber. Noch 1965 wurden ‹preußische› Vertreter explizit nicht zur 150jährigen Gedenkfeier eingeladen, und die französische Regierung verweigerte ihre Teilnahme ihrerseits. General de Gaulle bemerkte angeblich mit galliger Ironie, ihm fehle die Zeit, da er den 900jährigen Jahrestag der normannischen Invasion Englands vorzubereiten habe. 1965 zeigte sich auch in den Niederlanden und Belgien der prekäre Status der Erinnerung. Während die Niederländer anlässlich eines militärischen *re-enactments* im Stadion von Nimwegen über politisch angemessene Formen der Erinnerung debattierten, kam es in Belgien zu aggressiven Bekundungen der Differenzen zwischen Flamen und Wallonen. Die Flamen marschierten zum niederländischen Löwen-Hügel und die Wallonen inszenierten Gedenkmärsche zu *L'Aigle blessé*, ist doch der 18. Juni 1940 auch der Gründungstag der Bewegung *Le mouvement Wallonie libre*. In Deutschland zeigten die Feiern von 1965 eine lokale Konzentration auf Hannover und dienten so einerseits zur Bekundung deutsch-britischer Zusammenarbeit, andererseits aber auch als Ausdruck eines regionalen Geschichtsbewusstseins. Eine positive Identifikation mit der militärischen Vergangenheit, die ansonsten in der bundesdeutschen Nachkriegsgesellschaft wohl schwer zu artikulieren gewesen wäre. Erst 1971 zeigten sich erste Anzeichen einer gesamteuropäischen Zusammenarbeit, als die belgische Regierung den Ausbau der Brüsseler Stadtautobahn durch Waterloo plante und mehrere europäische Außenministerien dies gemeinsam zu verhindern wussten, um die Erhaltung des historischen Schlachtfeldes nicht zu gefährden. 1986 gründete man eine *Association Franco-Européenne de Waterloo*, um den französischen Anteil an der Erinnerungskultur der Schlacht zu wahren. Das Jahr 2015 wird wohl das erste Jahr sein, in dem ein weitgehend von nationalen Ressentiments befreites Gedenken im Zeichen europäischer Einigung möglich sein könnte.

Diese keineswegs vollzählige Liste von Medien zur Thematisierung – es ließen sich auch noch Brett- und Computerspiele oder das Reenactment selbst anführen – verweist schließlich auf den Faktor der Intermedialität als Motor der besonderen historischen Erinnerungsmacht der Schlacht von Waterloo. Bestimmte Namen, Symbole, Motive und Szenen wandern durch verschiedene Medien und erhöhen durch ihre Verkettung nicht nur die Evidenz des Dargestellten, sondern sichern auch seine nachhaltige Verankerung im kollektiven Gedächtnis. Sibornes Umfrage zur Herstellung seines Dioramas bildet heute eine unserer wichtigsten Quellen für die Erfahrungsgeschichte der Schlacht. Augenzeugen verfassen Erfahrungsberichte, Künstler erstellen Skizzen des Schlachtfeldes; beides geht in die Ikonographie von Denkmälern oder in Reiseführer für künftige Touristen ein. Historiker der Schlacht erwirken die Aufstellung von Denkmälern, Künstler und Literaten lassen sich ihrerseits wieder von diesen Denkmälern inspirieren. Viktor Hugos Beitrag zur französischen Erinnerungskultur von Waterloo war sogar so groß, dass ihm 1956 seinerseits ein eigenes Denkmal auf dem Schlachtfeld gesetzt wurde. Die von den Reiseführern wie der Historiographie, den Gemälden und Stichen, Panoramen, Dioramen und Reenactments gesteuerte Aufmerksamkeit der Zuschauer transformiert sich in weitere Erfahrungsberichte zweiter Ordnung. Memorabilia füllen Museen und private Sammlungen, und Selbstzeugnisse werden selbst zu begehrten Sammlungsobjekten. Waterloo ist damit zu einer historischen Chiffre geworden, die auch jenseits umfassender historischer Wissensbestände Bedeutungen trägt, individuelle und kollektive Emotionen hervorruft oder mediales Interesse weckt. In den 1960er Jahren waren es bereits wieder 200 000 Touristen jährlich, die das Schlachtfeld aufsuchten; gegenwärtig besuchen pro Jahr rund 300 000 Menschen Waterloo. Waterloo ist damit in Belgien auch ein ernstzunehmender Wirtschaftsfaktor im Bereich Kultur geworden.

Die anhaltenden Debatten um Wellingtons geschichtspolitische Instrumentalisierung der Schlacht und die Frage nach dem Beitrag der preußischen Truppen zeigen schließlich, dass die Erinnerungskultur hinsichtlich Waterloo selbst eine politische Dimension hat und keine ästhetische Spielerei ist. Die Verwaltung der Erinnerung ist heute nicht mehr allein Sache der Regierungen, sondern zu einer Sache der Zivilgesellschaften geworden. Während den einen die Schlacht immer noch als Arsenal nationaler Mythenbildung dient, ist sie für die anderen zum Symbol einer überwundenen europäischen Gewaltgeschichte geworden. Eine übergreifende Meistererzählung ist jedenfalls nicht in Sicht, vielleicht auch gar nicht erstrebenswert. Wichtiger sowohl für die Historisierung des Ereignisses jenseits der Geschichten von Gewinn und Verlust ebenso wie für eine europäische Erinnerungskultur insgesamt ist die Aufrechterhaltung der «Kraft, eine kritische Debatte zu generieren» (Jasper Heinzen).

VIII. Epilog: Die berühmteste Schlacht der Welt

Dass Waterloo heute vielleicht die berühmteste Schlacht der Weltgeschichte ist, liegt nicht nur an ihren militärischen und politischen, sondern auch an ihren kulturellen Konsequenzen. Die Schlacht diente dem 19. Jahrhundert als eine historische Projektionsfläche, auf der sich die Unterschiede politischer Regimes und Ideologien ebenso abbilden ließen wie die militärischer Taktik, nationaler Stereotype oder geschichtsmächtiger Akteure. Sicher nicht unwesentlich für die Fallhöhe Napoleons und damit die Bedeutung Waterloos als historischem Wendepunkt waren die Defizite seiner Gegner in Fragen von Charisma und politischer Ausstrahlung. Sir John Fortescue nannte sie einmal eine «unglaubliche Ansammlung von schwachsinnigen Herrschern», ein Satz, der wohl auf den englischen König Georg III. gemünzt sein dürfte, während Ludwig XVIII. von Frankreich nur ein betagter, gichtkranker und übergewichtiger Regent war. In Preußen regierte mit Friedrich Wilhelm III. auch keine sonderlich charismatische Persönlichkeit, was wohl in noch höherem Maße für Franz I. von Österreich gilt. Und selbst Zar Alexander I. von Russland kann im Vergleich zu Napoleon als vergleichsweise instabil gelten. Selbst für dezidierte Gegner Napoleons hatte der Fall des Kaisers der Franzosen etwas von einem ungleichgewichtigen Wettstreit und symbolisierte wie kaum ein anderes Ereignis den Zerfall von Macht und Größe.

Waterloo ist als endgültiges Ende der Herrschaft Napoleons zum Signum einer Epochenzäsur geworden. Nicht nur endeten damals 23 Jahre Revolutions- und Koalitionskriege, sondern auch das ‹lange 18. Jahrhundert›, das manche Historiker von 1688 bis 1815 datieren. Mit dem 18. Jahrhundert fand auch die Epoche der Frühen Neuzeit ihr Ende, und so markiert das Jahr 1815 vielleicht noch deutlicher als das Revolutionsjahr 1789 die

Schwelle zwischen Vormoderne und Moderne. Die Rezeptionsgeschichte hat eine Dynamik entfaltet, die nicht nur typisch ist für das 19. und 20. Jahrhundert, sondern aus dem Ereignis auch einen Gründungsmythos der Moderne gemacht hat. Georg Wilhelm Friedrich Hegel hatte im Oktober 1806 in Napoleon bei seinem Einritt in Jena die «Weltseele zu Pferde» gesehen, wie er in einem Brief an Friedrich Immanuel Niethammer schrieb: «Den Kaiser – diese Weltseele – sah ich durch die Stadt zum Rekognoszieren hinausreiten; – es ist in der Tat eine wunderbare Empfindung, ein solches Individuum zu sehen, das hier auf einen Punkt konzentriert, auf einem Pferde sitzend, über die Welt übergreift und sie beherrscht.» Bei Waterloo hatte sich die «Weltseele» abermals «auf einen Punkt konzentriert». Hier hatte sie ein Ende gefunden. Die Schlacht ist damit nicht nur zum Inbegriff der Niederlage geworden, sondern hat auch zu einer enormen Reduktion von Komplexität beigetragen.

Jenseits des fraglosen Eurozentrismus dieser Zäsuren bleibt festzuhalten, dass Waterloo als Ereignis vielleicht eher die letzte Schlacht des Ancien Régime als die erste Schlacht der Moderne war. In vielem ähnelte sie deutlich mehr den Ereignissen des 17. und 18. als denen des 20. Jahrhunderts. Die materielle Ausstattung und Bewaffnung der Männer, die Taktik, die Kommunikationsformen, die Mentalität der Soldaten und die ganze militärische Logik des Kampfes waren vergleichsweise traditionell. Militärisch gilt Waterloo als ein «Triumph der Defensive» (Jeremy Black), eine Bezugsgröße, die in späteren Kriegen der britischen Armee während des 19. Jahrhunderts immer wieder auftauchte, sei es im Krim-Krieg bei Inkerman Ridge (1854) oder in den Zulu-Kriegen bei Rorkes Drift (1879). Von einer komfortablen Ausgangsposition aus galt es, die Initiative den Franzosen zu überlassen und die eigenen Positionen möglichst zu halten. Das gelang in unerwartet erfolgreicher Weise und ist wohl zu gleichen Teilen der Standhaftigkeit der Briten wie den Fehlern der Franzosen zuzuschreiben. Die französische Armee konnte nicht auf die innere Kohäsion aufbauen, die Napoleons Truppen in früheren Feldzügen ausgezeichnet hatte. Das galt sowohl für die Mannschaften wie für das Offizierskorps. Im Gegensatz etwa zur preußischen Armee waren Befehlsketten, Kommunikations- und Kommandostrukturen in der französischen Armee in desolatem Zustand. Alles hing von einem Mann – Napoleon – ab, dessen Anweisungen einerseits nicht immer ganz klar waren, andererseits oftmals nur schlecht oder gar nicht umgesetzt wurden. Die Zentrierung auf eine Person barg insofern auch signifikante Risiken. Napoleon blieb bei Waterloo taktisch stur und bewies wenig Anpassungsfähigkeit an die konkrete Situation. Angesichts einer starken Defensivposition hätte ein Ausmanövrieren der alliierten Seite nahegelegen. Stattdessen setzte Napoleon auf einen frontalen Angriff in klassischer Manier, der auf nicht minder klassische Weise abgewiesen wurde. Napoleon war traditionell der Mann der Offensive, der gewagte und innovative Manöver vollzog und militärische Situationen besser einzuschätzen vermochte als seine Gegner. Bei Waterloo legte er diese Stärken weniger an den Tag. Er unterschätzte sowohl Briten wie Preußen und setzte alles daran, seine Gegner zu separieren und dann einzeln zu schlagen.

Die Entscheidungsqualität der Schlacht von Waterloo darf jedoch auch nicht überbetont werden. Angesichts der politischen wie militärischen Machtverhältnisse Europas im Frühjahr 1815 war es mehr als unwahrscheinlich, dass ein einziger Schlachtensieg Napoleons das Blatt nochmals nachhaltig hätte wenden können. Innerhalb von Frankreich war seine Position höchst instabil, und um ihn herum versammelten sich gigantische feindliche Armeen an Frankreichs Grenzen. Eine österreichisch-piemontesische Armee von 80 000 Mann marschierte im Juni auf Grenoble zu, eine deutsch-österreichische von 180 000 Mann versammelte sich in Süddeutschland und Zar Alexander I. von Russland stellte eine Armee von 150 000 Mann, die er liebend gern bis nach Paris gesandt hätte. Anders als 1795 oder 1807 wäre es diesmal nicht so einfach möglich gewesen, die Koalition der Alliierten auseinanderzubringen. Ein Sieg hätte die Parteien des Wiener Kongresses wohl nur noch enger zusammengeschweißt. Insofern war zwar der Ausgang der Schlacht als einzelnes Ereigniss offen, das Ergebnis des ganzen Feldzugs und von Napoleons Plänen zur Wiedererlangung der Macht jedoch kaum. Für die Militärs des 19. und frühen 20. Jahrhunderts verband sich Waterloo gleichwohl fortan mit der Ideologie der Entscheidungsschlacht, einem einzigen großen Ereignis, das einen ganzen Krieg beendet; insofern warf die Schlacht ihren langen Schatten auch noch ein Jahrhundert später, zu Beginn des 1. Weltkriegs – wie sich zeigen sollte: ein trügerisches Vorbild.

War Waterloo demnach etwa keine Entscheidungsschlacht? Hier gilt es zwischen unterschiedlichen Ebenen der Entscheidung zu differenzieren, das heißt genau zu bestimmen, was jeweils entschieden wird. So kann unterschieden werden zwischen einer militärischen Entscheidung in der Schlacht, dem Ausgang eines Feldzuges und der politischen Entscheidung über die Machtverhältnisse in Europa. Für die Entscheidung in der Schlacht ist der Befund eindeutig, auch wenn über den genauen Moment der Krise vielleicht gestritten werden kann. Napoleons Armee hatte sich in Auflösung unter hohen Verlusten zurückziehen müssen. Dass auch der Feldzug damit beendet war, wurde spätestens einige Tage später in Paris klar. Auf der politischen Ebene war die Entscheidung jedoch längst gefallen. Was den Mythos Waterloo als Entscheidungsschlacht ausmacht, ist vielmehr, dass bereits unmittelbar nach dem 18. Juni das Bewusstsein ausgeprägt war, dass dieses militärische Ereignis auch die politischen Verhältnisse der Zukunft determinierte. Allerdings tat es das eben nicht allein aus sich heraus, sondern in der Verkettung mit zahlreichen weiteren Faktoren, vom Wiener Kongress über die Heeresaufbringung bis zur französischen Innenpolitik. Die Eindeutigkeit der militärischen Entscheidung auf dem Schlachtfeld war jedoch geeignet, alle anderen Faktoren der Entscheidung zu überstrahlen zu Gunsten eines einzigen entscheidenden Tages.

Auch für Wellington, den Meister der Deutungshoheit über die Schlacht, war klar, dass Waterloo in Sachen Leiden und Verlust ein überaus schmerzliches Ereignis war, wie sein bereits zitiertes Diktum besagt, dass das Schrecklichste nach einer verlorenen Schlacht eine gewonnene Schlacht sei. Die napoleonischen Kriege (1803–1815) forderten nach heutigen Schätzungen mindestens 2,5 Millionen tote Soldaten und rund eine Million

Tote unter der Zivilbevölkerung. Andere Schätzungen gehen noch wesentlich höher und sprechen von bis zu 6 Millionen Toten insgesamt. Ermöglicht wurden solche Zahlen nicht zuletzt durch ein verstärktes Bevölkerungswachstum seit den 1740er Jahren, das es zuließ, immer größere Ressourcen für den Krieg zu mobilisieren. Die Entfesselung des Krieges in napoleonischer Zeit wird von manchen Historikern heute gar als «erster totaler Krieg» (David A. Bell) gesehen, eine Ausweitung, die nicht nur die Ausnutzung aller Ressourcen der betroffenen Gesellschaften betraf, sondern den Krieg auch zum Motor nationaler Einheit und Freiheit machte. Sind die Auswirkungen der napoleonischen Herrschaft in ihrer Ambivalenz bis heute umstritten – von der Rechtsreform in Gestalt des *Code Napoléon* (1804) bis hin zum brutalen militärischen Ausbluten ganzer Territorien –, so besteht doch weitgehende Einigkeit darüber, dass das Modell Napoleon nicht tauglich für die Zukunft Europas war. Eindeutig modernisierende Züge wie die Formierung einer bürgerlichen Eigentümergesellschaft im Rahmen des *Code Napoléon* standen neben eher «traditionalen» (Max Weber) Formen der Herrschaftsinszenierung eines Kaisers der Franzosen. Bezogen zahlreiche Staaten wie unter anderem Preußen ihre nationale Legitimation nicht unwesentlich aus der Überwindung des Kaisers der Franzosen, so können insgesamt die Auswirkungen auf das europäische Mächtesystem kaum überschätzt werden. Neben Großbritannien als weltweit führender Seestreitmacht darf auch die neue Rolle Russlands als Landstreitmacht im Osten Europas nicht vergessen werden. So hatte Zar Alexander I. im September 1815 östlich von Paris im Gedenken an die Schlacht von Borodino 1812 eine gewaltige Parade mit 150 000 Soldaten abgehalten und damit den Anwesenden Potentaten wie Franz I. von Österreich oder Friedrich Wilhelm III. von Preußen eindrücklich die militärische Potenz seines Landes demonstriert. Die Neuordnung Europas und die Hegemonie Großbritanniens wurden in Wien verhandelt, doch die Schlacht bei Waterloo setzte ein ebenso markantes wie blutiges Siegel unter die neue Ordnung.

Weiterführende Literatur

Quellen und Hilfsmittel

[Bonaparte, Napoleon], Correspondance de Napoléon Ier, publ. par ordre de l'empereur Napoléon III, 32 Bde, Paris 1858–1870.

Buttery, David, Waterloo Battlefield Guide, Barnsley 2013.

Kröger, Alfred (Hg.), Napoleon kam bis Waterloo. Die hundert Tage im Spiegel der zeitgenössischen Presse, München 1968.

Glover, Gareth (Hg.), Letters from the Battle of Waterloo. Unpublished correspondence by Allied Officers from the Siborne papers, London 2004.

Glover, Gareth (Hg.), The Waterloo Archive: Bd. 1 British Sources, Barnsley 2010; Bd. 2 German Sources, Barnsley 2010; Bd. 3 British Sources, Barnsley 2011; Bd. 4 British Sources, Barnsley 2012; Bd. 5 German Sources, Barnsley 2013.

Gurwood, John (Hg.), The Despatches of Field Marshal the Duke of Wellington, 13 Bde., London 1837–39.

Martin, Roger/Pigeard, Alain, Bibliographie napoléonienne. Près de 10 000 titres pour mieux choisir, Dijon 2010.

De Meulenaere, Philippe, Bibliographie analytique des témoignages oculaires imprimés de la campagne de Waterloo en 1815, Paris 2004.

Rudersdorf, Joachim, Prinz Wilhelm von Oranien, Wellington und die Nassauer bei Quatre-Bras und Waterloo. Der Tagebuchbericht von Jean-Victor de Constant Rebecque, in: Nassauische Annalen 120 (2009), S. 279–320.

Siborne, Herbert T. (Hg.), Waterloo Letters, London 1891.

Summerville, Christopher, Who was Who at Waterloo. A Biography of the Battle, Harlow 2007.

Wencker-Wildberg, Friedrich (Hg.), Napoleon. Die Memoiren seines Lebens, 14 Bde. Wien [1930].

Überblickswerke

Adkin, Mark, The Waterloo Companion, London 2001.

Black, Jeremy, The Battle of Waterloo, New York 2010.

Clayton, Tim, Waterloo. Four Days that Changed Europe's Destiny, London 2014.

Coppens, Bernard u. a., Waterloo 1815: Les Carnets de la Campagne, 13 Bde., Brüssel 1999–2014.

Cornwell, Bernard, Waterloo. The History of Four Days, Three Armies and Three Battles, London 2014.

Field, Andrew W., Waterloo. The French Perspective, Barnsley 2012.
Foulkes, Nick, Dancing into Battle. A Social History of the Battle of Waterloo, London 2006.
Hofschröer, Peter, Waterloo 1815. Quatre Bras [and] Ligny, Barnsley 2005.
Houssaye, Henry, 1815. Waterloo, Hannover/Leipzig 1900.
Howarth, David, Waterloo. A Near Run Thing, Glasgow 1968.
Lipscombe, Nick (Hg.), Waterloo – The Decisive Victory, Oxford/New York 2014.
Logie, Jacques, Waterloo. L'évitable défaite, Louvain-la-Neuve 1989.
Roberts, Andrew, Waterloo. June 18, 1815. The Battle for Modern Europe, New York 2005.
Robinson, Mike, The Battle of Quatre Bras, 1815, Stroud 2009.
Schmid, Josef Johannes (Hg.), Waterloo – 18. Juni 1815. Vorgeschichte, Verlauf und Folgen einer europäischen Schlacht, Bonn 2008.
Thiry, Jean, La chute de Napoléon Ier, 7 Bde., Paris 1938–1945.
Uffindell, Andrew, The Eagle's Last Triumph: Napoleon's Victory at Ligny, London 1994.
Vos, Luc de, The Four Days of Waterloo. The 15th, 16th, 17th, and 18th June 1815, Louvain-la-Neuve 2002.

Armeen und Heerführer

Forrest, Alan, Napoleon's Men. The Soldiers of the Revolution and Empire, London 2002.
Griffith, Paddy (Hg.), Wellington – Commander. The Iron Duke's Generalship, Chichester 1984.
Haythornthwaite, Philip J., The Waterloo Armies: Men, Organization and Tactics, Barnsley 2007.
Markham, J. David, The Road to St. Helena. Napoleon after Waterloo, Barnsley 2008.
Oliver, Michael F./Partridge, Richard, Napoleonic Army Handbook. The British Army and her Allies, London 1999.
Oliver, Michael F./Partridge, Richard, Napoleonic Army Handbook. The French Army and her Allies, London 2002.
Pigeard, Alain, L'armée de Napoléon (1800–1815). Organisation et vie quotidienne, Paris 2002.
Roberts, Andrew, Napoleon and Wellington, London 2001.
Strawson, John, The Duke and the Emperor. Wellington and Napoleon, London 1994.
Tulard, Jean, Napoleon oder der Mythos des Retters, Tübingen 1978.
Weller, Jac, Wellington at Waterloo, Barnsley 1992.
Willms, Johannes, Napoleon. Eine Biographie, München 2005.

Kämpfe

Barbero, Alessandro, The Battle. A New History of Waterloo, New York 2006.

Haythornthwaite, Philip J., Waterloo Men: The Experience of Battle, 16–18 June 1815, Marlborough 1999.

Keegan, John, Das Antlitz des Krieges. Die Schlachten von Azincourt 1415, Waterloo 1815 und an der Somme 1916, Frankfurt a. M./New York 1991 (zuerst 1976).

Simms, Brendan, Der längste Nachmittag. 400 Deutsche, Napoleon und die Entscheidung von Waterloo, München 2014.

Mythos und Erinnerungskultur

Blanning, Tim, 18. Juni 1815: Waterloo, in: Etienne François/Uwe Puschner (Hg.), Erinnerungstage. Wendepunkte der Geschichte von der Antike bis zur Gegenwart, München 2010, S. 163–185.

Cluny, Claude Michel, Waterloo. Une bataille pour l'Europe, Paris 2012.

Heinzen, Jasper, A Negotiated Truce: The Battle of Waterloo in European Memory since the Second World War, in: History and Memory 26/1 (2014), S. 39–74.

Hofschröer, Peter, Wellington's Smallest Victory. The Duke, The Model Maker and the Secret of Waterloo, London 2004.

Kahrmann, Johanna, Die Schlacht bei Waterloo. Zur Interferenz von Historiographie und Roman in der ersten Hälfte des franz. 19. Jahrhunderts, in: Poetica 9 (1977), S. 283–323.

Largeaud, Jean-Marc, Napoléon et Waterloo. La défaite glorieuse de 1815 à nos jours, Paris 2006.

Pelzer, Erich, Waterloo (18. Juni 1815): Schlachtenmythos und Erinnerungssymbolik, in: Gerd Krumeich/Susanne Brandt (Hg.), Schlachtenmythen: Ereignis – Erzählung – Erinnerung, Köln u. a. 2003, S. 143–164.

Rohloff, Heide N., Napoleon kam nicht nur bis Waterloo. Die Spur des gestürzten Giganten in Literatur und Sprache, Kunst und Karikatur; Vortragsreihe des Fachbereichs Literatur- und Sprachwissenschaften der Universität Hannover, Frankfurt a. M. 1992.

Seaton, Anthony V., War and Thanatourism: Waterloo, 1815–1914, in: Annals of Tourism Research 26/1 (1999), S. 130–158.

Semmel, Stuart, Reading the Tangible Past: British Tourism, Collecting, and Memory after Waterloo, in: Representations 9, Nr. 69 (2000), S. 9–37.

Shaw, Philip, Waterloo and the romantic imagination, Basingstoke 2002.

Suter, Andreas/Hettling, Manfred, Struktur und Ereignis – Wege zu einer Sozialgeschichte des Ereignisses, in: Dies. (Hg.), Struktur und Ereignis, Göttingen 2001, S. 7–32.

Watelet, Marcel/Couvreur, Pierre (Hg.), Waterloo. Lieu de mémoire européenne (1815–2000). Histoires et controversies, Louvain-la-Neuve 2000.

Personen- und Ortsregister

Bild- und Kartennachweis

Abb. 1: akg-images
Abb. 2: De Agostini Picture Library / J. E. Bulloz / Bridgeman Images
Abb. 3: © Tate, London, 2014
Abb. 4: ullstein-bild – Heritage Images /Guildhall Library & Art Gallery
Abb. 5: © Jemike / WikiCommons

Karten: © Peter Palm, Berlin
Karten, vordere und hintere Umschlaginnenseite: nach Nick Lipscombe (Hg.), Waterloo – The Decisive Victory, Oxford / New York 2014. Karte S. 32, 47: Nach Bernard Cornwell, Waterloo. The History of Four Days, Three Armies and Three Battles, London 2014. Karten S. 57, S. 63: Nach Cornwell und Lipscombe.